国家出版基金项目
NATIONAL PUBLICATION FOUNDATION

中国教科书理论研究丛书

石 鸥／主 编

教科书技术学

周英杰／著

SPM 南方传媒
全国优秀出版社
全国百佳图书出版单位
广东教育出版社
·广 州·

图书在版编目（CIP）数据

教科书技术学／周英杰著. —广州 ： 广东教育出版社，2024. 12
（中国教科书理论研究丛书／石鸥主编. 第二辑）
ISBN 978 − 7 − 5548 − 5652 − 9

Ⅰ．①教… Ⅱ．①周… Ⅲ．①教材—技术学—研究—中国
Ⅳ．①G423. 3

中国国家版本馆 CIP 数据核字（2023）第 237596 号

教科书技术学
JIAOKESHU JISHUXUE

出 版 人：朱文清
丛书策划：李朝明
项目负责：林　蔺
责任编辑：江丽茹　钟文广
责任校对：林晓珊
责任技编：许伟斌
装帧设计：陈宇丹
出版发行：广东教育出版社
　　　　　（广州市环市东路 472 号 12—15 楼　邮政编码：510075）
销售热线：020 − 87615809
网　　址：http：//www.gjs.cn
E-mail：gjs-quality@nfcb.com.cn
发　　行：广东新华发行集团股份有限公司
印　　刷：广东信源文化科技有限公司
　　　　　（广州市番禺区大龙街竹山工业路 57 号）
规　　格：787 mm × 1092 mm　1/16
印　　张：14
字　　数：280 千
版　　次：2024 年 12 月第 1 版
　　　　　2024 年 12 月第 1 次印刷
定　　价：88. 00 元

如发现因印装质量问题影响阅读，请与本社联系调换（电话：020 − 87613102）

序
一

没有人会怀疑"书籍是人类进步的阶梯",而这个"阶梯"中最基础、最坚实的那一部分便是教科书。与高头讲章相比,孩童手捧的小课本似乎是微不足道的,但小课本却有大启蒙、大学问。课本虽小,却能培根铸魂、启智增慧。习近平总书记指出,要大力"培养能够担当民族复兴大任的时代新人"。而教科书正是培养时代新人最重要、最直接、最影响深远的工具。它体现国家意志,承载优秀文化成果;它传播科学知识,打开每个人心灵的窗户;它凝心聚力,培育代代新人,为民族复兴注入持久而深沉的力量。可以说,有什么样的教科书,就有什么样的年轻人,也就有什么样的国家未来、民族未来。同样地,我们想要什么样的年轻人,想要什么样的国家未来、民族未来,就要建设什么样的教科书。教科书是"小课本",但"小课本"却关乎国家大事。

石鸥教授从 20 世纪 90 年代起就对教科书产生了浓厚的兴趣,边收藏边研究,执着地走到今天,所藏教科书已具博物馆规模,研究团队日益壮大,研究成果不断涌现。2015 年,鉴于教科书研究的重要性以及石鸥教授带领的团队在教科书研究上的成果和优势,我所在的教育部基础教育课程教材发展中心与首都师范大学合作,联合成立了"中国基础教育教科书研究与评价中心",致力于研究基础教育教科书发展和评价中的理论与现实问题。多年来,首都师范大学教科书研究成果丰硕，影响力日益扩大。

摆在读者面前的这套"中国教科书理论研究丛书"，既是石鸥教授团队的又一重要成果，更是理论研究对教科书实践的积极回应，是教科书建设的"及时雨"。该丛书不仅把教科书理论推上了一个新高度，也为该领域的一些现实关切和争议的问题提供了专业、科学的解答思路。该丛书的面世对于提升我国教科书研究的理论水平具有重要意义。该丛书分为两辑，此前我为之作序的第一辑已经出版，一经面世就深受好评，屡获重要奖项；本次出版的是第二辑。在第二辑中，研究者将从文化学、心理学、管理学、编辑学、传播学、技术学、评价学等理论视角和专题领域切入，进一步丰富教科书理论体系，回答教科书实践问题。有理由相信，这套"中国教科书理论研究丛书"将推动我国教科书研究迈上一个新台阶。

恩格斯指出，"一个民族要想站在科学的最高峰，就一刻也不能没有理论思维"。当前，我国教科书建设亟须理论支持。在某种意义上，教科书理论已经严重滞后于教科书实践，教科书实践正在不断倒逼教科书理论研究。如何评判一本教科书的质量？如何通过教科书培养能够担当民族复兴大任的时代新人？如何提高教科书质量以满足人民群众对更高水平、更加优质教育的期盼？如何在教科书中处理好本土化与国际化、政治性与科学性、传承与创新、教与学的关系？这些问题在理论上都没有得到很好的解释与解决。尤其是，如何增强中国自己的教科书话语能力（从长远来看，教科书话语能力体现的是国家教育实力与教育科学实力），如何构建以中国话语说中国经验的具有中国特色、中国气派的"教科书学"等，已经成为我们这一代教科书研究者的时代使命。

这是一个需要教科书理论、呼唤教科书理论的时代。

教科书研究者任重道远。

田慧生　首都师范大学教授

2024 年 3 月

一

教科书应该是世上最珍贵的文本，也是最深入浅出、通俗易懂的文本。它是人类知识的精华，对读者的影响深刻而持久。莫言对此是有感受的："让我收益最大的是上个世纪（20 世纪）50 年代末 60 年代初期，我大哥家中留下很多中学语文教材，每逢雨天无法下地，我便躲到磨坊里去读这些课本……这些教材虽然很薄，但它们打开了农村少年的眼界……对中学语文教材的阅读让我受益终生。"

美国学者多伦曾感叹道："这个国家若没有教科书是难以想象的……教科书是基础或根基的东西。"[1] 著名学者托马斯·库恩认为，"任何一门科学中第一个范式兴起的附带现象，就是对于教科书的依赖。"[2] 实际上，不仅学科发展离不开教科书，个人发展更与教科书息息相关；不仅每个人的大部分科学知识、人文社会知识的获取离不开教科书，甚至我们的世界观、人生观、价值观的获得，都直接受教科书的影响。

---

① 瞿葆奎. 教育学文集：课程与教材：下册[M]. 北京：人民教育出版社，1993：113.
② 库恩. 科学革命的结构[M]. 金吾伦，胡新和，译. 北京：北京大学出版社，2003：85.

大量优良的教科书培养了人的良知，唤醒了人的渴望，引导人们向善向上。

重视教科书研究，是为了提升教科书质量，其终极意义是这一特殊文本能使读者有更良善的发展。教科书对学生的影响是最直接、最深远的。所以，我们必须擦亮眼睛——孩子们的未来与此时此刻正在读的教科书息息相关！

重视教科书研究，是为了让这一独特文本繁荣。真正的教科书文本繁荣，应有强大的学术评论或学术批评作为支撑。我国教科书文化的不发达，与教科书评论的缺席或教科书研究的弱势息息相关。必须承认，目前教科书研究进展还是比较缓慢的，它在独立、自成系统方面并未取得突破性进展，没有产生有突破性意义的新方法，还不能圆满回答教科书实践中的许多重要问题。这或许可以归因于我们关注得太晚、努力得不够、研究角度不恰当，也或许可以归因于教科书太复杂、涉及的学科太多，等等。

重视教科书研究，就是要打造一个关于教科书、教科书史、教科书作者、教科书读者、教科书理论、教科书实践的对话场域，进而构建教科书评价体系，或直白地说——构建教科书学。教科书学的构建是一项相对独立的研究活动，在我国，这是几近原始的处女学术领域。近十余年，有赖于一批同道中人不离不弃地辛勤耕作，教科书学的构建具备了基础条件，时机正在逐步成熟。

教科书学建构时机趋于成熟有几个标志：一是基本完成了严格意义上的中国教科书发展历史的梳理，基本搭建了教科书主要理论视野的分支框架；二是逐步实现了教科书研究从编书经验、教书经验向教科书理论的转换，使教科书研究从教材编写论、教师备课论中走了出来，逐渐自立门户；三是形成了相对系统的知识话语体系和相对稳定的学科结构形态；四是初步实现了教科书理论的专业化转变，有稳定的研究领域、实体对象、结构规模、品牌作品，有广泛的社会、学术、教育和意识形态效应，具有其他学科所不可替代的价值；五是产生了一批有关教科书研究的书籍，有了自己相对稳定的研究平台。当然，根本标志是教科书已成为被高度重视的研究对象，教科书研究已成为一批学者终身的学术事业。

从教育科学的学术发展轨迹来看，21 世纪以来，时代的变革与学术视野的拓宽，尤其是基础教育课程改革的推进，成就了课程教学理论研究的空前繁荣。学校课程及其主要载体——教科书的研究，开始由学术边缘向学术中心移动。近年来，教科书研究逐渐成为整个教育学领域生长最快、最受关注的热点领域之一。这一现象反映了教育科学学术共同体的变化轨迹。

教科书研究逐渐成为新时期教育科学研究的新天地，这意味着学界对教科书文本是学生成长最重要的文本材料的普遍认同。这是学界视野与思维得以拓宽的一种表现，是教育科学学术共同体的一大进步。

当然，对教科书的研究，很难完全归入教育学现有学科领域，虽然教育学在这里是主力。对教科书这个客体的研究，主要涉及教育学，同时也涉及历史学、文化学、社会学、政治学、语言文字学，还涉及物理学、化学、地理学、心理学、伦理学、出版学、传播学、管理学、美学、音乐、美术、体育学等各个学科。我们高兴地发现，有历史学家、文学家，甚至有科学史专家、美术领域的专家，都表现出对教科书研究的高度兴趣。这种跨学科研究的发展是 21 世纪以来中国社会科学特别是教育学领域最令人瞩目的地方，由此构建的教科书研究学术共同体，也值得学界高度关注。

教科书研究是无尽的，教科书文本和教科书现象，永远都有可供研究之处。教科书研究进入学术殿堂并成为严谨的省思决断对象，是学术界可圈可点的事。虽然以前有零散的研究，但对教科书真正系统地、有规模意义地研究，还是 21 世纪以来的事。在 20 世纪 90 年代末关于教科书研究的硕博士论文只有寥寥几篇，到最近几年，每年与教科书研究相关的硕博士论文已经超过千篇，试问哪个学术领域有这么快的跃升？不那么谦虚地说，我们团队在推动这一进展方面发挥了积极的引领作用，和全国同仁一道，兢兢业业，不彷徨，不犹豫，执着往前走，终于迎来了可喜的局面——教科书研究领域已日渐开辟出一片新天地，教科书研究的理论特色日渐凸显，以中国话语说中国教育，具有中国特色、中国气派、中国风格的教科书学的新时代正在到来。

二

教科书是有使命的！从事教科书研究也是有使命、有担当的。因为从一定意义上说，有什么样的教科书，就有什么样的年轻人，就有什么样的国家和民族的未来。

教科书学是有责任的！从某种意义上说，它是经世之学。它必须为学生的学习承担责任，这种责任基于两种重要的考虑：一是为了学生的当下，即每日每时的学习自觉和身心成长；二是为了学生的未来，同时也是民族和人类的未来。

基于这一使命和担当，也基于构建教科书学的目的，多年来，我们借助教科书丰富的藏品，在对教科书的近现代发展史进行了系统而卓有成效的梳理后，一刻也没有停歇地把精力转向对教科书现实问题的系统理论探究上，旨在为教科书的重大现实问题提供理论解析，同时为教科书学的建构提供基本的分支理论体系和重要的学术基础。

"中国教科书理论研究丛书"站在新的学术起点上，通过加强教科书研究共同体建设来深化教科书研究，借鉴政治学、经济学、社会学、历史学、文化学、美学、哲学、管理学、传播学、生态学、语言学等学科理论精华，打破不同学科理论的界限，自觉构建教科书研究的本体论、认识论、方法论体系，力求从基础上推动教科书研究的发展和创新，为教科书学的建立构建基本框架。

该理论丛书分两辑，第一辑包括《教科书概论》《教科书美学》《教科书语言学》《教科书生态学》和《教科书研究方法论》，已经于 2019 年底出版。其一经面世就产生了良好的社会影响，已获得多个重要奖项。即将出版的第二辑包括《教科书文化学》《教科书心理学》《教科书管理学》《教科书编辑学》《教科书传播学》《教科书评价学》《教科书技术学》。

《教科书文化学》借鉴文化学的原理与方法，结合教科书文化的研究与实践，揭示了教科书与文化的关系，阐述了教科书的文化传承与创新功能，以及文化冲突对教科书产生的影响，从多个维度探讨了教科书编写过程中的文化观念、教科书内容确定过程中的文化优选和重组、教科书使用过程中的文化意识，旨在拓展教科书研究领域，促进教科书文化研究的深化以及教科书理论的创新与发展。

教科书引领学生培养健全人格，养成核心素养，追求真、善、美。教科书应该也必须考虑学生的心理发展因素。从心理学视角剖析教科书，教科书是不断契合学生心理发展规律的文本存在。《教科书心理学》主要审视教科书文本中的心理学要素，并探析这些心理要素被设计编写进教科书的原因及方式，通过对教科书的深入分析，将暗含于其中的心理学理论或规律挖掘出来，阐释教科书知识的心理学价值，促进教科书质量的提升。

《教科书管理学》一书旨在通过全面、系统地探讨教科书管理的理论和方法，推进教科书管理的科学化和规范化，提升我国教科书管理的水平，以期促进教科书研究（教科书学）成为一门独立学科。

编辑活动是教科书质量保障的生命线。《教科书编辑学》围绕教科书编辑的历史、原理、政策、编辑方式、编辑素养等方面的基础问题，初步建构了教科书编辑学的基本框架，系统呈现了教科书编辑活动的发展过程和具体要求。教科书编辑合理吸纳教学智慧、充分符合教学特性，是推动教科书育人价值更好地转化为立德树人实际成效的必然路径。信息时代，万物互联，教科书编辑应主动拥抱科学技术创新成果，及早布局教科书数字化和数字教科书发展。

《教科书传播学》将教科书视为一种传播媒介。学生不仅是教科书传播的对象，也是教科书传播的主体，更是衡量教科书传播效果的标尺。随着网络新媒体时代的到来，新时代教科书建设需要新的舆论支持，依据传播规律，运用融媒体，整合多种社会因素说服人、打动人、感染人。

什么是高质量的教科书？什么是好的教科书？教科书评价是按照特定目标和程序，对教科书进行价值判断的过程。教科书评价对于提高教科书建设质量具有非常重要的意义和价值。《教科书评价学》聚焦教科书评价的基本理论和实践探索，在分析基本概念的基础上，从视角与分类、过程与方法、实践与应用以及反思与展望等方面深入阐释了对教科书评价的研究。

现代技术是一种特殊的生命系统，具有自身的进化规律。《教科书技术学》意在运用技术思维解析教科书的技术组成元素，探索教科书的技术元素及其演变规律，进而发现教科书未来的可能形态。面向变幻莫测的未来，秉持"为了智能社会生活，为了学生素养发展，为了教师专业发展和为了学校经营"原则，探讨信息时代数字教科书的理想形态，并审慎对待数字教科书应用过程所涉及的多样化主体，释放技术在教科书创制中的功能，使教科书进一步充满能量和生命力。

"中国教科书理论研究丛书"主要提供给这样的读者——他（她）对本丛书的意图以及丛书本身怀有足够深厚的情怀和道义上的支持，进而不苛求它们的绝对完美。我先在这里感谢他们的宽容，毕竟这套书中不少是填补空白的研究，许多系统探索在国内尚属首次，片面和肤浅是不可避免的。我相信，如果我们要等一批高水平、没有瑕疵的教科书研究的理论著作，我们将会等待很长时间。但我们不能等。

我们的研究犹如手电筒，只能照亮黑暗中的一部分，没有办法看到整个黑暗中的所有事物与事件。我们知道，一套放之四海而皆准的教科书研究通则或分析模式并不存在。没有固定不变的教科书研究模式，也没有作为终极真理的教科书理论体系。真正具有生命力的教科书研究是随着思考和实践的不断推进而发展的。

这套丛书是对教科书理论的学术探讨，各书作者都有自己的研究思路与表达风格，更有自己的研究心得。为遵从作者的学术追求，我仅仅对形式方面作了一些粗略的规整。

这套"中国教科书理论研究丛书"的顺利出版，首先要感谢广东教育出版社朱文清社长，感谢李朝明总编辑、卞晓琰副总编辑和夏丰副社长的大力支持，尤其要感谢项目负责人林蔺女士，她的敬业精神令人感动，她的沟通能力让一切困难迎刃而解，没有她的精心呵护，很难想象这套书目前的进展。

当然，最需要感谢的是各位作者，在他们和出版社的共同努力下，这套书第一辑、第二辑两次成功入选国家出版基金项目。

最后，我要感谢时任教育部教材局局长田慧生和时任首都师范大学党委书记孟繁华的支持和关心。我知道，他们的支持与关心既是一种鼓励，更是一种期望和鞭策。

石鸥

2024 年 3 月　于北京学堂书斋

目

录

第一章

绪论

综观人类历史，价值、科学和技术相互交织，并以独特的功能影响着社会发展：价值领航世界，科学打开世界，技术改变世界。就教育世界而言，这种关系定位依然成立。今日学者偏爱用"价值"和"科学"的角度纵观教育世界，较为冷落"技术"这把钥匙。但不可否认，教育世界从理论走向实践，必须有技术的参与和支持。作为教育中一个重要要素，教科书自然也不例外。

第一节　教科书技术的研究意义

一、教科书是科学技术综合运用而成的作品

鲁迪·沃尔蒂认为：技术的使用是所有人类社会的基本特征。[①] 在微观层面上，个体需要借助思维和身体的力量，运用劳动工具和语言文字等技术性手段，执行具有内在一致性、外在连贯性的系列操作，从而完成特定的目的性任务。只有通过技术的合理选择和恰当运用，人们才能更好地探索世界，发现世界，重塑世界，完成求真、崇美和向善的美好追求。

在任何时代和社会，不同辈的人们需要携手反思历史，面对现实，放眼未来，才可能实现他们所确定的群体发展目标。在近现代社会的"携手"过程中，学校教育最重要，教科书甚为关键。因社会对外开放程度不同，教科书通常选择

---

① VOLTI R. Society and Technological Change. New York：St. Martin's Press，1998：Ⅶ.

以主导文化或突生文化为标准。① 但这并不意味着，教科书编写者直接照搬主流价值观，即可完成社会文化的目的性传递。在实践层面上，编写及使用人员需要使用现实社会的种种技术，合理地选择和修饰社会生活与文化知识，并通过一定的教科书结构和要素来具体、生动、规范地展现它们，以便学生能够真切地理解和深度地认同主流文化。

作为教育作品的精华，教科书乃人类社会科学技术的系统展示：它不仅是印刷技术、排版技术和装订技术等综合运用的产物；而且内含科研实践、生活实践和生产实践中的种种工具，还内嵌教师指导、学生学习和师生互动等教学技术。甚至可以说，教科书是由大量科学技术构成的类生命系统，而绝非一种纯粹的技术性存在物。人的发展是教育技术的价值尺度，② 教科书技术的选用必须努力地遵从"促进儿童身心发展"这一价值根基。

二、教科书是学生理解世界和教师掌控教学的钥匙

对任何文化而言，只有被社会成员切身接触且透彻理解，才能被鲜活地传承和广泛地传播。鉴于社会文化的多样性和教科书的奠基性作用，任何一门科学中第一个范式兴起的附带现象，就是对于教科书的依赖。③ 在近现代社会的发展过程中，编辑人员需要根据特定的社会发展方向和教育教学需要，选择优秀的文化内容并协调其中的可能关系，使之规范有序地呈现于教科书中，以此建构未来社会实践的文化标准。这样，一切政治的、经济的、社会的、国家的问题才可能在个人的生活态度、精神气质、思维表达上落实下来，并取得稳定形式之认同的保证。④

从个人成长的意义上来说，学生并不能任意直接地摄入社会现实生活知识或多样文化。他们必须借助自身的成长经验，通过不断地阅读和理解教科书中的种种内容，并不断地化解教科书中的种种问题，最终将教科书中的内容内化为自己

---

① 吴小鸥. 教科书文化标准的确立[N]. 中国教育报. 2011 – 10 – 20（5）.
② 左明章. 教育—技术—人的发展：教育技术价值论[M]. 北京：科学出版社，2018.
③ 托马斯·库恩. 科学革命的结构[M]. 金吾伦，胡新和，译. 北京：北京大学出版社，2003.
④ 吴小鸥，石鸥. 1912 年"共和国教科书"新文化标准探析[J]. 课程·教材·教法，2013（2）：78 – 85.

的身心图式，整合为连贯一体的世界观、人生观和价值观，以此规范未来生活中的思维、言语和行为，解释当下生活中的现象、事实和问题。这样，教科书阅读过程就是学生逐步地掌握特定世界领域，进入特定生活形态的过程。

从教育教学的意义上来说，教师需要面对多样的学生、多样的经验和诉求，需要创造积极的学习活动和实施良好的指导活动，才能真正地服务于每个学生的发展。通常而言，教科书是教师教学的直接依据，是教师设计课堂活动的核心资源。教师需要细致地阅读、审慎地解读、逻辑地分析、有效地编辑其中内容，根据课堂教学目标探索分析、解决具体教育教学问题的办法，获取改善教育教学的处方，才能创设良好的教学环境与课堂活动，积极地适应每个学生的最近发展区。换言之，教科书是教师开启教学世界的一把钥匙。

三、教科书值得走进科学技术学视域

根据布莱恩·阿瑟的技术学观点，任何器具都是嵌套性结构，创新乃嵌套性组元的替代或重组。[①] 依此逻辑，教科书作为一种特殊的技术集成作品，是一种承载着学生素养发展或教育教学功能的技术实体。无论从促进学生学习、支持教师教学的视角，还是从理解编辑过程、批判教材功能的视角来看，教科书都值得走进科学技术学的视域。

对学生而言，通过对教科书的逐句阅读是学生理解现实世界，养成核心素养的基本方式。那么，教科书如何运用语言文字来完整地表达学科核心内容，巧妙地引导阅读学习过程，有效地帮助学生形成素养呢？教科书如何运用语言文字帮助学生经由微观的阅读过程实现对人类世界的宏观理解，或者经由断续的思维引导学生实现对社会生活的整体理解呢？在学习实践中，为什么有的学生只看到教科书中的"知识"，而有的学生却能看到教科书中的"技能"呢？

对教师而言，教科书的逐段解读是理解教育理念，设计学习活动的基本要求。那么，教师如何通过文本阅读来判断教科书内容的教育价值，理解教科书内容的学科本性，进而实现教科书内容的教学转换，评估教科书内容的应用效果

---

① 布莱恩·阿瑟. 技术的本质：技术是什么，它是如何进化的[M]. 曹东溟，王健，译. 杭州：浙江人民出版社，2018.

呢？在教学实践中，教师习惯于教教科书的根源是什么，教师用教科书教的机理是什么，"教教科书"与"用教科书教"又具有怎样的转换关系呢？

对教科书编写者而言，教科书的逐篇成文是践行立德树人，建造文化世界的基本手段。那么，编写者如何巧妙地组织内容，建造影响学生的文化世界呢？编写者又是如何设计教学活动，践行立德树人的根本任务呢？在编辑实践中，编写者如何处理选择与创造、增添与删减、原本与修饰的关系呢？

以上所说的这些问题都值得深入研究和探讨。价值、科学和技术以各自的长处影响着教科书的存在与发展：价值引领教科书的编写与使用，科学照亮教科书的原理与功能，技术创造教科书的架构与组成部分。运用技术学思维分析与审视教科书，并非否定教科书的价值评判与科学验证，而是为后者提供更为实在的依据。教科书技术学的作用是为学生的学习过程与品质、教师的活动设计与效能、编写者的编排布局与创造提供更好的技术支持。

第二节　教科书技术的概念界定

作为教科书与技术学的交叉研究领域，教科书技术学并非追求建立一套独立的术语体系，而是借鉴相关学科的话语体系和概念界定，提炼出具有根本性、基础性、规范性和适用性的内容。通过对"教科书"和"技术"分别进行多层次、多学科的解读，提出具有适用性最大化的"教科书技术"定义。

一、教科书的内涵界定

教科书是课程的集中表现与教学的基本工具，因而得到诸多教育学者的关切和探索。整体而言，学者大多站在教育实践的立场上，从课程与教学的视角来界定教科书。随着相关研究的深入开展，教科书的内涵得以不断地发掘和拓展。

（一）课程视角下的内涵界定

在课程视角下，学者们通常将教科书界定为包含"学科内容的教学用书"。《中国教育百科全书》认为，教科书是根据教学大纲和教学方法要求，系统而简明地叙述学科内容的教学用书，是教学大纲的具体化，是为一定年级的学生编写的。① 曾天山指出，教科书是根据教学大纲（或课程标准）编写的系统反映学科内容的教学用书。② 也有学者突破了"书"的载体范畴，强调教科书的核心要素是"学科内容"，是经过选择的、编排好的、简化的、适于教学的内容系统。系统意味着不仅包括传统的教科书形式，还包括多样化学习用具、活页文选、习题解答的教科书和其他各种新型教材。③

在此，我们必须关注一个常见而特殊的概念——教材。在基础教育教学实践中，很多教师将教科书称作"教材"。在严格的学术意义上，"教材"的含义并不等同于"教科书"，而是包含且大于"教科书"，是指教师指导学生学习的一切材料，它包括教科书、讲义、讲授提纲、参考书刊、辅导材料，以及教学辅助材料。④ 但是，随着教育理念和信息技术的发展，教科书的设计理念和形态都在不断地变化，不断地吸纳教材的组成元素。因此，我们应该合理地借鉴教材的定义，界定出更具开放性的"教科书"定义。

（二）教学视角下的内涵界定

在教学视角下，多数学者将教科书界定为"工具"。美国学者戈温倾向于从文化传承的角度界定教科书：它是承载着丰富内容的教育性工具，作为思维情感的媒介，作为思想或过程的权威记录，作为知识实体的编制者。⑤ 也有学者倾向于从学生学习的角度界定教科书，以法国学者里绍多为例，他认为教科书是包含各种教育学科训练所需、结构设计系统严谨、符合教与学的过程需要、可以作为学习依据并帮助学生记忆的工具书籍。⑥

就我国而言，学者们更多地从教学视角来定义"工具性"的教科书。孙智昌认为，教科书应以"教学性"为首要性质，是教师指导学生掌握知识、发展

---

① 张宏念. 中国教育百科全书[M]. 北京：海洋出版社，1991：61.

② 曾天山. 教材论[M]. 南昌：江西教育出版社，1997：14.

③ 蓝建. 亚洲教育中教科书的作用[J]. 课程·教材·教法. 1986（5）：60–61.

④ 陈侠. 中国大百科全书：教育卷[Z]. 北京：中国大百科全书出版社，1985：144.

⑤ 胡森. 简明国际教育百科全书：课程[Z]. 江山野，等译. 北京：教育科学出版社，1991：129.

⑥ 曾天山. 国外关于教科书功能论争的述评[J]. 西南大学学报（社会科学版），1998（2）：57–62.

能力、完善自身的媒介和工具。① 李新和石鸥将教科书的"教学性"界定为作为教与学的特殊文本，具有其特有的便于教和便于学的特性，并从可教性、易学性、增效性和合宜性等方面具体论述了其"工具性"的理想状态。② 从学校课堂教学活动的实际过程来看，这种"工具性"的概念界定似乎更加关注教师与学生交往的对象性，更能体现教师与学生素养的发展性。

（三）媒介视角下的内涵界定

在近现代教育实践中，教科书更多地是以纸张作为信息载体。经过不断的完善与发展，当代的纸质教科书已经形成相对稳定的结构状态。它们通常按学年或学期分册，并按单元或章节进行内容组织，一般由目录、课文、习题、实验、图表、注释和附录等部分构成，并配以必要的教师教学用书。③ 在新课程改革推进过程中，学者们对教科书进行了丰富的解读。例如，高凌飚认为教科书应当是帮助学生进行学习并学会学习的工具，是引导学生理解认识人类已有经验和知识的媒介，是课堂学习的知识资源，是促进学生形成健康的情感态度和正确的价值观的催化剂。④

随着数字技术的发展，数字教科书已经从探索可能走向现实制造。但是，学者们尚未明确数字教科书的边界。赵志明博士认为，数字教科书是一种发展中的后现代教科书形态，它以数字技术为支撑，创设开放的学习环境，改变传统的学习方式和教学方式，通过国家定义和个人定义的磨合与互补，趋向学习的开放、自由、个性与创新。⑤ 有学者认为数字教科书就是电子课本，它集合了学校中的教学内容和学习领域里的数字媒介，是将教学需要的教材、教辅、工具书等按照科学的结构整合而成的综合教学资源包。⑥ 还有学者倾向于使用"数字教材"概念，将其看作以内容（资源）为中心，以阅读与学习软件（工具）、学习终端

---

① 孙智昌. 教科书的本质：教学活动文本[J]. 课程·教材·教法，2013（10）：16－21.

② 李新，石鸥. 教学性作为教科书的根本属性及实践路径[J]. 课程·教材·教法，2016（8）：25－29.

③ 王道俊，郭文安. 教育学[M]. 7版. 北京：人民教育出版社，2016：123.

④ 高凌飚. 关于新课程教科书的几点思考[J]. 课程·教材·教法，2002（9）：19－23.

⑤ 赵志明. 重定义教科书[D]. 长沙：湖南师范大学，2014：10.

⑥ 吴永和，杨飞，熊莉莉. 电子课本的术语、特性和功能分析[J]. 现代教育技术，2013（4）：5－11.

（设施）及网络服务（平台）为支持环境的学习系统。① 整体而言，这些学者基本上是从数字和网络的技术层面进行界定，较少触及教师和学生的互动过程。

（四）其他视角下的内涵界定

在新课程改革过程中，很多学者着手进行教科书的内涵和本质的研究，以此挑战并突破原有的教科书观。石鸥等认为教科书作为国家意志、民族文化、社会进步和科学发展的集中体现，是实现培养目标的最直接载体。② 吴小鸥认为在演变过程中，教科书常常选择以主导文化及突生文化为标准。③ 赵长林认为教科书是知识制度化、合法化的文本，是学生社会化进程的基本载体，承载着再生产主流意识形态的重要职能。④ 叶波综合多种观点后认为，教科书是多权力主体于其中进行知识活动，以实现教育性教学达成的话语空间。⑤ 这些成果为教科书的内涵研究提供了更多的创造性元素。

基于对教科书的已有研究和发展趋势，本书将教科书界定为：在具体的历史背景和现实环境中，以特定形态的学生身心发展为目的，内含结构化课程资源和系统化教学方法，且具备教师与学生协同性使用的专业基质。其中，就基质而言，远古社会以身体为主，近现代则以纸张为主，未来还有可能以数字设备为主。在不同的历史时期，"身心发展""课程资源"和"教学方法"的表现形态存在差异，人们对"结构化""系统化""协同性"的理解和诉求存在差异，教科书也会表现出不同的结构与形态。

二、技术的概念界定

在词源学的意义上，英语中的"技术"（technology） 一词源于古希腊词语"Techne" 和"Logos" 的合成：其中，"Techne" 一词的意思是完成特定事情所

---

① 胡畔，王冬青，许骏，等. 数字教材的形态特征与功能模型[J]. 现代远程教育研究，2014（2）：95 - 100，10.

② 石鸥，石玉. 论教科书的基本特征[J]. 教育研究，2012（4）：92 - 97.

③ 吴小鸥. 教科书，本质特性何在?：基于中国百年教科书的几点思考[J]. 课程·教材·教法，2012（2）：64 - 70.

④ 赵长林，孙海生. 教科书与意识形态再生产：对 1949—2018 年相关研究的回顾与省思[J]. 课程·教材·教法，2019（1）：34 - 39.

⑤ 叶波. 教科书本质：历史谱系与重新思考[J]. 课程·教材·教法，2018（9）：75 - 79.

需要的技艺、技能、手艺、方法或手段，"Logos"一词的意思是世界的可理解的规律，具有事物本质的意蕴。可见，"技术"一词具有认识和实践的双重属性的含义。

（一）哲学领域的概念界定

1829年，西方学者雅各布首次提出近代意义上的"技术"概念，将其界定为引人注目的艺术的原则和过程，尤其牵涉科学的应用实践。① 该概念强调"技术"的科学属性和价值取向，并能够得到现实社会生活的印证。

整体而言，哲学学者多倾向依据古希腊词源来界定"技术"，即为某一需要或观念将事物赋以形状，因此同时指制作必需品及艺术品的技能，与技能中之可传授的规律（如弹钢琴的技术）。② 同时，学者们区分出并界定了与之相关的两个概念——科学与原则。将"科学"定义为一套知识，特别是由系统地应用科学方法而获得的知识，或依据科学原理对自然现象进行研究的方法和程序系统；将"原则"（或"原理"）定义为一种公认的程序规则，尤其指一种科学程序。③ 可见，"技术""科学"和"原则"之间并非毫无关系，三者都具有"程序性"的内涵。

（二）自然科学领域的概念界定

在科学实践的意义上，学者多将"技术"界定为物质性的存在，即人类在生产活动、社会发展和科学实验过程中，为了达到预期的目的而根据客观规律对自然、社会进行认识、调控和改造的物质工具、方法技能和知识经验等的综合体。④ 此概念揭示了技术的合理性与实践性特征，指出技术是为了特定任务而存在的，必须遵循相关事物的客观规律，并且依赖于操作主体的综合素养。

萨顿曾言：科学史在很大程度上就是一部工具史，这些工具无论是有形的或无形的，均是由一系列人物创造出来，目的是解决他们遇到的某些问题。⑤ 这一

---

① BIGELOW J. Elements of Technology: Taken Chiefly from a Course of Lectures Delivered at Cambridge, on the Application of the Sciences to the Useful Arts. 2018.
② 项退结. 西洋哲学词典[M]. 台北：先知出版社，1976.
③ 罗伯特·奥迪. 剑桥哲学词典[M]. 台北：猫头鹰出版社，2002：742.
④ 何克抗，李文光. 教育技术学[M]. 北京：北京师范大学出版社，2008：2.
⑤ 萨顿. 科学的生命[M]. 刘珺珺，译. 北京：商务印书馆，1987：3.

论述拓展了"技术"存在的可能形态。在科学探索的过程中，研究者不仅需要物质性技术的帮助，还需要使用精神性技术（包括思维方法、操作方法、学科逻辑），才能完成发现问题、分析问题和化解问题的全部实践过程。这一论断还揭示出"技术"的适用性问题，即任何技术都具有特定的适用范围，不存在普遍适用性的技术。

（三）心理科学领域的概念界定

在心理学界，少数学者将"技术"等同于"技能"，将其定义为为达成某种特定目的所使用的特殊身手技能。① 心理科学领域中对"技术"的相关研究主要包括两个分支：心理技术研究和技术心理研究。前者主要关注如何应用现代心理学的原理、方法及心理测验、测量、统计等技术手段，研究和解决个体和群体在实际生活中遇到的心理问题；② 后者主要研究物质性技术对个体心理可能产生的影响（如技术压力、技术恐惧和技术依赖）。③

麦克卢汉虽是传播学家，但他深刻地诠释了"媒介技术"的心理学本质。比如，"媒介即信息""技术的影响不是发生在意见和观念的层面上，而是要坚定不移、不可抗拒地改变人的感觉比率和感知模式"，塑造和控制着"人的组合与行动的尺度和形态"。④ 在教育教学实践意义上，教科书不仅是学科内容表达与传播的载体，也是学生感知、阅读和学习的对象。因此，麦克卢汉的相关诠释值得所有教师的关注，更值得教科书编写者、使用者和研究者的关注。

（四）教育学领域的概念界定

美国在 2000 年颁布了国家技术课程标准，该标准认为，狭义的技术可以指人类发明的产品和人工制品或创造这种产品所需的知识体系，还可以表示技术知识的产生过程以及技术产品的开发过程；广义的技术指人们如何改造自然以适应他们自己的需要，用来拓展人类能力以及满足人类需要和欲望的过程和知识多种

---

① 温世颂. 教育心理学［M］. 台北：三民书局，1980：319.

② 杨鑫辉. 现代心理技术学［M］. 上海：上海教育出版社，2005：20.

③ 陈红兵，周建民. 国外技术心理反应研究述评［J］. 东北大学学报（社会科学版）. 1999（1）：48－51.

④ 马歇尔·麦克卢汉. 理解媒介：论人的延伸［M］. 何道宽，译. 北京：商务印书馆，2000：34，46.

多样的集合，包括产品、知识、人员、组织、规章制度和社会结构在内的整个系统。① 从教育促进学生发展的角度来讲，该标准承认了"技术"具有物质性、科学性和价值性，体现着"术人合一"的基本思想。

在教育学领域，指向"技术"对象的研究分支是"教育技术学"。我国学者将"教育技术"定义为"为促进学习而对解决教育教学实际问题的方案、过程和资源进行设计、开发、应用、管理和评价的研究与实践"②。美国教育传播与技术协会 2017 学术年会（AECT2017）重新界定了"教育技术"，将其定义为"通过对学与教的过程和资源进行策略设计、管理和实施，以提升知识、调节和促进学习与绩效的关于理论、研究和最佳方案的研究且符合伦理的应用"③。可见，"教育技术"并非仅指信息技术在教育领域的简单应用，还包含具有独特的教育性立场和伦理性要求。在深层意义上，这些界定接近于钱学森教授关于技术科学的定位的看法。④

上述定义与研究表明，任何领域的"技术"都不是纯粹的独立存在，而是融合了目的性、操作性、科学性与价值性于一体。"技术"就是在特定的工作环境和特定的任务要求下，通过对主体性力量和对象性条件进行综合设计、管理和实施，以优化实践过程和改善实践结果为目的的研究与应用。其中，主体性力量包括知识与技能、情感与情绪、机体与体能等身心要素，对象性条件包括行动方案、学术理论、物质资源和社会关系等要素。

三、什么是教科书技术

基于上述梳理，本书将"教科书技术"定义为：在具体的历史环境和教育立场下，通过对师生身心素养和交往系统进行综合化设计、管理和实施，在特定基质上合理地呈现课程资源和教学方法，以优化教学实践过程和改善学生身心素养为目的的研究与应用。下面对部分要素进行简单说明：

---

① 蔡铁权. 中学科学教育要关注学生技术素养的提高："美国国家技术教育标准"对我国中学科学教育改革的启迪[J]. 教育科学，2006（6）：59-61.
② 教育学名词审定委员会. 教育学名词（2013）[M]. 北京：高等教育出版社，2013：214.
③ 李海峰，王炜，吴曦. AECT2017 定义与评析：兼论 AECT 教育技术定义的历史演进[J]. 电化教育研究，2018（8）：23-28.
④ 钱学森. 谈行为科学的体系[J]. 哲学研究，1985（8）：11-15.

首先，教科书是特定历史环境和教育立场下的产物。教科书的编制离不开编写者对社会的文化传统、物质条件和发展诉求等方面的调查、解读与选择，离不开国家、社会或民族的主导力量对教育活动的支持与约束。

其次，教科书是服务于学校教育教学实践的，必须考虑师生身心素养（如知识、技能、情感和体能）的现实基础和预期结果，同时必须考虑师生交往系统（如教学方案、交往过程和课堂资源）的组成要素、运行机制和可能结果。之所以将教师与学生的素养并列，是因为在现实意义上，教师和学生都是发展的人，都会通过自己的发展来影响对方的发展。

再次，教科书是合目的性与合规律性的统一。① 教科书并非单纯地考虑教育目的或教育规律，而是在实际考量教育教学的基础上，努力遵循目的性与规律性的辩证关系。教科书不能脱离实践的情境，因而须避免将学生身心发展或国家发展诉求绝对化和对立化。

最后，教科书技术是以学生身心发展为目的，努力实现课程资源的结构化和教学方法的系统化，以供教师与学生协同使用其中的物质工具和思维方法。由于人是兼具情感性和社会性的有机体，教科书必须设法保证自身物质性、社会性、心理性、教育性以及伦理性的协调融合，促使真实的教育交往过程和教学实践结果在一定程度上达到最优化。

第三节　教科书技术的三维解读

根据上述定义，"教科书技术"并非教科书的下位概念，而是教科书研究向外延伸的结果。在某种意义上，教科书技术反映着教育世界的复杂、文化世界的厚重和人类社会的繁荣。下文将从人类发明、文化媒介和教学镜像等角度解读"教科书技术"，为后续研究提供更为宽阔的视野和研究方向。

---

① 熊川武. 论教育实践合理性[J]. 华东师范大学学报（教育科学版），1997（4）：49 - 55，62.

一、作为人类发明的教科书技术

在历史发展的过程中，人类创造了日渐丰富的物质技术和思维工具，并用以认识、改造自然世界和人类社会。最初，人类只是将这些技术作为感知器官的延伸，用以拓展视野的宽度或探索认知的深度。但是，在应用和推广实践中，这些技术逐渐创造出一种全新的环境，并将这种环境积极地作用于后续的行动过程。① 在某种意义上，教科书便是人类不断应用、转化、综合和优化相关技术的教育产品，并以此构成面向教学的复合技术环境。

首先，教科书是人类技术转化性应用的产物。杜威曾提出：学校教育的职责，在于尽力排除现存环境中的丑陋现象，以避免其影响儿童的心理习惯。② 因此，教科书必须遵照社会发展预期和教育教学本质观，想方设法地呈现人类技术的现实状态，合理地重现自然世界与社会生活，以积极地适应儿童的发展节奏和状态。以寓言《狐假虎威》为例，先秦《战国策·楚策一》保留着比喻结构的印记，并以文言文来陈述。③ 而编写者选用其课文内容时，则凸显故事的情节性和指意性，用现代文来陈述，以便实现其教育功能。这样，语言表达作为教科书技术实现了转化性应用。

其次，教科书是人类技术综合性应用的产品。作为反映社会的载体，教科书承载着非常复杂的学科内容和教育功能，因而需要积极地将人类的种种技术工具进行融合使用。以纸质教科书为例，它以物质制造技术为基础（包括造纸技术、印刷技术等），以学科教学技术为核心（包括知识和方法理解、技能和思维训练、情感与态度养成等），以教学组织技术为辅助（包括学习目标、学习指令等）。没有这些技术的探索与融合应用，纸质教科书恐怕难以形成。

最后，教科书是人类技术优化与升级的产品。进入近代，世界各个国家逐渐普及学校教育，极大地推动了教科书的发展。学者对教科书进行了大量的心理学

---

① 马歇尔·麦克卢汉. 理解媒介：论人的延伸［M］. 何道宽，译. 北京：商务印书馆，2000：25.

② 杜威. 民主主义与教育［M］. 王承绪，译. 北京：人民教育出版社，1990：26.

③ 林文锜. 先秦寓言的文体形态及其审美结构：对先秦文学史上一个重要创作现象的再考察［J］. 福州大学学报（哲学社会科学版），2006（2）：55 - 62.

和教育学研究，编写者也努力地从内容选择、编排体例等方面进行探索，使教科书以更好的方式呈现。在当代，信息技术的大量出现（包括计算机、多媒体、网络和人工智能等），极大地引起了出版人员和教育人员的兴趣，教科书开始了数字化升级。电子课本便是这个过程中的代表性作品，它融合了学校教学和学习领域里使用到的数字媒介，将教学需要的教材、教辅、工具书等进行整合，形成综合和动态的教学资源包。①

二、作为文化媒介的教科书技术

从社会发展和繁荣的角度来讲，教育应当全面地反映人类现实生活，并尝试创造出求真、向善、崇美的环境，为学生搭建通向未来社会的桥梁。从这个角度来看，教科书就是社会文化向学生传播的媒介。但是，这种媒介具有明显的价值取向，要反映社会生活的积极方面和批判社会生活的消极方面，并通过内容选择、文字修饰和编排组织等方式进行构建，引导学生思考和筹划未来社会文化的理想形态。② 对儿童而言，教科书中的"社会文化"具有权威性、抽象性和结构性等特征，使得教科书自身成为最被读者信赖甚至依赖、最耗费读者精力和时间、对读者影响最深远的文本。③

随着文化内容和形态的改变，教科书作为媒介的表现形式也会发生变化。在古代，文化发展相对缓慢，以蒙学教材为例，唐代以前注重综合编写，北宋以来倾向分门专写，明清期间延续原有形式编撰新内容，甚至直接搬运儒家经典著作。在近代，随着文化发展日渐繁荣，教科书不仅分科成册，而且内文分段排列。在当代中国课程改革过程中，教科书的外在形态和内部构成都在发生着变化。

麦克卢汉认为：人工技术给我们提供了感知环境本身的媒介。④ 教科书通过

① 吴永和，杨飞，熊莉莉. 电子课本的术语、特性和功能分析[J]. 现代教育技术，2013（4）：5 - 11.

② 胡玉鸿. 韦伯的"理想类型"及其法学方法论意义：兼论法学中"类型"的建构[J]. 广西师范大学学报（哲学社会科学版），2003（2）：33 - 37.

③ 石鸥，石玉. 论教科书的基本特征[J]. 教育研究，2012（4）：92 - 97.

④ 马歇尔·麦克卢汉. 理解媒介：论人的延伸[M]. 何道宽，译. 北京：商务印书馆，2000：27 - 28.

呈现简化的社会生活样态，深化学生的思维能力，从而完成社会规定的教育任务，但这样的呈现方式并不能代表全部的现实环境本身。在某种意义上，教科书可能存在简化现实的复杂关系、虚化真实的活动过程、弱化主体的情感力量的情况，由此造成学生走进社会的路径被窄化。为了避免这些负面效果的发生，教科书编写者不断地探索与应用新技术，对教科书进行改造、完善，甚至重构其媒介特征。

三、作为教学镜像的教科书技术

在教育实践中，教科书不仅是学生理解世界的中介，也是师生教和学交往的中介。借助教科书的中介作用，学生才能更好地获得经验和构建自身心理结构，逐步成长为社会所需要的成员。作为教育工具，教科书就要反映出理想的学习活动状态，吸纳优秀的学习操作技术，服务好更多学生的学习过程和掌握效果。

从表面上来看，教科书是学生用书，是学生学习的对象，而配套的教师用书（或教学参考）才是教师需要认真学习的对象。但是，教师用书通常以教科书的解读作为主体内容，以教科书的应用作为落脚点。这就意味着，教科书才是教师学习的根本。随着实验与实践的发展，教科书也在不断地吸纳优秀教师的教学技术成果（如导读、思考题、作业等部分），以支持更多教师教学专业素养的养成与提升。

在某种意义上，教科书便是教学技术的镜像，既反映着教学的历史，也反映着教学的未来。在传统课堂教学中，通常情况是教师讲知识，学生听知识；学生练技能，教师查技能，与此对应，课堂教学内容以教科书课文为主，很少考虑对学生学习动机的激发和自主能力的培养。随着这类教科书的推广和使用，班级授课制日渐根深蒂固，以至于很多教师的教学习惯都难以被课程改革所撼动。面向学生个性化、学习深度化的教科书才应是未来需求，为此教科书编写者需要在教科书的教与学技术嵌入方面作出更大的努力。

第四节　教科书技术的研究框架

教科书技术是在具体的历史环境中和教育立场下，通过对师生身心素养和交往系统进行综合化设计、管理和实施，在特定基质上合理地呈现课程资源和教学方法，以优化教学实践过程和改善学生身心素养为目的的研究与应用。根据此概念定义，本书分三部分、共九章对教科书技术学进行探讨。

第一部分为教科书技术的研究基础。托马斯·库恩在《科学革命的结构》中指出，任何科学共同体都遵循研究范式，包括成员所共有的信念、价值、技术等构成的整体，以及作为"具体的谜题解答"的模型和范例。[①] 教科书技术学并非致力于成为某种公认的范式，而是借此概念明确核心的研究基础（基本术语、研究对象和价值追求），更好地规范自身研究的范围、过程与结果。

第一章对"教科书"和"技术"的概念进行了梳理，尝试性地提出了"教科书技术"的概念，并从人类发明、文化媒介、教学境像等视角对其进行了必要的解读。第二章将依据教科书载体的性质，按"身体教科书—纸质教科书—数字教科书"的顺序，简要地呈现我国教科书技术的发展历史，同时展示教科书技术的内容框架。第三章将站在教育促进发展的立场上，从学生学习、教师教学、现实引领等方面提出教科书技术的基本价值取向，以此建立教科书技术学的研究价值基础。

第二部分为纸质教科书的技术审视。在教学世界中，教科书不仅要坚持"取其精华，去其糟粕"的原则承载人类实践历史的过程与结果，还要坚持"面向现代化，面向世界，面向未来"的原则承担建设未来社会的重要责任，帮助学生成长为求真、向善、崇美的时代新人。在教学应用过程中，教科书不断地吸纳学科实践形态、学生的学习过程和教师的教学等方面的先进经验，并将这些经验整

---

① 托马斯·库恩. 科学革命的结构[M]. 金吾伦，胡新和，译. 北京：北京大学出版社，2003.

合进教科书的改进中，使教科书能更好地促进更多学生身心的转变与提升发展的质量。在此过程中，教科书逐渐具备教学世界的基本特征——内在性、理解性、工具性、建构性、学术性。① 在此意义上，当今的教科书不再只是教学的工具，更是教学的微型世界。

　　遵循教育制度的安排，教科书必然具有结构性时间维度（体现为套、册、章和课等形态），并且具有结构性空间维度（内含学科课程、学生学习和教师教学等要素）。第二部分将立足于教学实践的基本要素，梳理教科书技术的基本要素，包括内容、程序和形态，并探讨要素间的联系方式、组织秩序及时空表现形式。其中，第四章从课程设计角度梳理教科书的内容选择、内容组织和内容表达等技术；第五章从学习设计角度总结教科书的学习引导、学习支持和学习巩固等技术；第六章从教学设计角度整理教科书的教学分析、教学统筹和教学构件等技术。

　　第三部分为数字教科书的发展愿景。在人工智能、计算机和网络等技术不断突破的宏观背景下，各行各业都预期社会生活将会进入新形态，并且创新、情感和社交等素养将成为未来个体取得成功的关键所在。为了帮助学生更好地适应未来网络信息社会，教科书技术能否复归身体教科书的生命特征，如何借鉴纸质教科书的实践经验，又当如何接触数字网络技术？如果教科书技术要实现数字化与网络化，我们如何评价技术新形态的价值，可能会遭遇哪些困境呢？这些问题的讨论主要通过第七章、第八章和第九章呈现。第七章将基于网络社会和信息技术的发展愿景，从学生素养发展、教师专业发展、学校经营发展等方面探讨数字教科书的理想形态。第八章将梳理教科书评价相关研究成果，在技术集成、学科活动和教育实践等视域下构建教科书技术的评估框架，为数字教科书的编用和研究提供一种系统性思考框架。第九章探讨数字教科书应用过程中可能触及的伦理问题。我们相信，通过这些问题的积极探讨，数字教科书将能够更好地达到优化教学实践过程和改善学生身心素养的目的。

---

① 熊川武，江玲. 论教学世界与生活世界的基本差异[J]. 湖南师范大学教育科学学报，2004（5）：19－22，45.

第二章

教科书技术的发展简史

教科书并非自然存在之物，它是借助人的身体、印刷技术以及存储媒介等生产出来，服务于学校教育教学实践的人造信息载体。从承载内容的角度来看，教科书承载着政治、经济、科学、文化、生态和技术等领域的典型实践和核心思想，并对它们进行必要的组织、修饰、融合，使之能够合理地促进学生的发展。在教育实践意义上，教科书的编用受到课程标准的约束，同时受到课程思想的影响。了解课程话语体系能够帮助我们更好地理解教科书技术。

根据相关研究成果（如表2-1），信息载体可以作为课程形态划分的重要标准。其中，经典课程阶段的羊皮、丝帛、竹简与纸张可归属为平面型载体或纸质载体，云课程阶段的数字存储和云存储可归属为集成型载体或数字载体。

表 2-1　课程形态的阶段与表现①

阶段划分	基本内容	教学方式	信息载体
口耳相传	祭祀、史实、风俗	对话，示范	身体
经典课程	圣经、史诗、儒家经典、蒙学读本	专题对话	羊皮、丝帛、竹简、纸张
教科书	学科知识、实践技能	班级授课	纸张
云课程	学科知识 个性化内容	正式—非正式学习 集中—个性化学习	数字存储 云存储

① 牛瑞雪. 从口耳相传到云课程：课程形态视域下的课程演变史[J]. 课程·教材·教法，2013（12）：18-23.

本章将以信息载体为划分标准，按"身体教科书—纸质教科书—数字教科书"的顺序，以我国的经典教科书为主要对象，系统地呈现教科书的技术发展史，帮助相关人员初步了解教科书技术的部分内容，理解"教科书作为人类科学技术实践的作品"的内涵。

第一节　身体教科书阶段

劳动是人的主体活动，教育在成为独立社会活动样式之前，融合在劳动过程之中，所以劳动本身并不是教育起源的"外因"。[①]人存在的地方，便是教育发生的地方；教育发生的地方，便有教科书存在的可能。可以想象，在远古社会时，成人在与儿童共同参与日常生产生活过程中以身体为载体向儿童示范生产实践和社会生活的技能、方式和过程。转换成教育语言的结果是，远古成人的行为及其所处场景构成了儿童学习的完整对象，其中身体承载着儿童需要学习的主要信息。成人以身体作为载体，以身体承载的动作、语言、表情和行动作为教学资源和教学方法，从事着最具原始性和基础性的教学活动。本文将这一历史时期称为"身体教科书阶段"（如图2－1）。

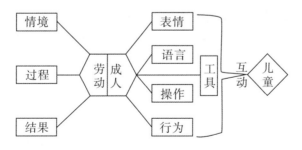

图2-1　身体教科书的组成示意

---

① 陈桂生. 也谈人类教育的起源问题：与孔智华同志商榷[J]. 华东师范大学学报（教育科学版），1986（2）：87-89.

一、操作动作

动作是人类身体所能实施的最简单表现，是构成复杂行为表现和生活方式的基础。在远古社会中，身体动作构成了人类生活的基础性手段。在不断发展的历史过程中，古代人类逐渐产生了记忆和纪念事迹的需要，并探索和形成了最基本的技术手段（如结绳、刻木）。① 人类学研究表明，这些方式在全球范围内未开发地区是仍然存在的。以记事手段为例，云南省佤族民众常常用刻木、结绳等方式进行记数、记事，使用实物来表达特定的意思，甚至以刻迹深浅表示事情的大小、轻重。这些行为便已隐含有历史教育的作用。②

在远古时代，生产实践主要以石器制作为基础，以动物捕猎、果实采摘等为主要劳动。其中，石器制作是用手打磨和眼睛观察这两种动作结合的综合实践活动，是当时的儿童长大后在自然界中生存所必需的技术手段。无论在生产过程中还是在传授过程中，成人掌握者必须不断地将这些技术进行分解，并利用自己身体进行重复性示范，才能成为儿童可观察、可模仿的内容。在此过程中，儿童充分地运用感知系统及模仿能力，将成人的技术操作转化为自己的具象表征，然后通过必要的亲身操练从而掌握石器制作的技术。

就远古时代而言，成人主要从事体力性质较强的生产与生活实践，需要借助身体表现的动作操作、动作序列或动作组合才能完成相关任务。在文字符号被创造出来之前，"身教"成为成人向他人传递生存经验的基本方式，让其他人尤其是儿童能够有效地观察、模仿和掌握成人生存技能。在某种意义上，身体动作构成了最基础的教科书技术。

二、语言表达

功能主义语言学者认为，语言首先是作为一种人类的交际手段，而不是一种

---

① 汪宁生. 从原始记事到文字发明[J]. 考古学报，1981（1）：1 – 44，147 – 148.
② 苏寿桐. 我国上古以及春秋战国历史教育和教材初探[J]. 课程·教材·教法，1991（6）：26 – 28.

思维工具进化出来的。① 面临恶劣的生存环境，远古时代的族群成员只有进行频繁的交流和互动，才能够形成稳定的群体认同和社会秩序，并以此具备快速动员能力和紧密协作方式，规避自然灾难或捕获大型猎物。可以推测，远古人类正是通过创造和掌握语言，才获得了快速且便捷的交流工具，并开拓出一种新的经验传承方式。

在语言形成早期，远古人类可能更多地借助声调变化来交流思想和感情；在随后的交往实践发展历史中，人类不断地创造并优化语言要素（包括词汇、语法和标点等），以求更好地认识世界和表达经验。由于语言表现出越来越强的独立性和工具性，儿童也越来越需要借助语言来理解生产实践要求，认识自然世界现象，掌握社会生活规则。在实践活动前，儿童通过成人的语言了解行动的目的和过程；在实践活动中，儿童借助语言理解成人的内心感受和对自然世界的认识；在活动完成后，儿童与成人运用语言再现生产生活经历，构建后续的活动内容。

由此可以推测，由于远古人类生活的内容与性质，语言可能更多地用于活动描述和情感表达。根据具身语言的理论观点，语言理解就是模拟或感知语言所描述的情境、行为或实体，神经系统与视觉、听觉、触觉等感觉通道之间形成同步共振关系。② 在族群的口耳相传中，儿童可以最大限度地体会到生产场景的生动性及其与生活场景和家庭情境的连贯性，从而自愿、积极地参与族群的生活。从教育实践的角度来看，语言就是成人向儿童传授经验的重要工具，也具备作为身体教科书技术的资格。

三、表情动作

在心理学中，表情和情绪是紧密相连的，前者是后者的外在表现，后者是前者的内在体验。③ 在远古社会的生产生活实践中，人类不断地运用身体去改造自然事物和参与群族交往，同时不断地感受自然事物变化和群体互动过程造成的身

① 李讷. 人类进化中的"缺失环节"和语言的起源[J]. 中国社会科学，2004（2）：162 - 177，208.

② 林立红，张瑶. 具身语言理解中的身物交互与特征模拟[J]. 宁波大学学报（教育科学版），2017（3）：7 - 10.

③ 雷婕，丁亚平. 面部表情：一些争论[J]. 心理科学进展，2013（10）：1749 - 1754.

体影响，最终在神经系统的中介作用下形成了丰富且稳定的情绪机制和表情方式。鉴于表情和情绪的生理统一性，成人在交往实践过程中经常通过喜、怒、哀、乐等表情来显露他人看不见的内心感受，以此增强事实陈述的生动性和完整性，甚至可能表现出一定的欺骗性。

表情表露于外，是人们在通信交往中互相交流的手段，又是情绪的客观外显行为。① 可以想象，在远古社会，成人会运用丰富的表情向儿童生动地诉说生产实践和日常生活中的种种遭遇。与此同时，儿童凭借自身的神经系统，感受成人生产实践的艰辛和收获成果的快乐，并且通过表情表达自己的生活经验感受和族群生活理想。在与成人长期交往过程中，儿童逐渐养成了成人社会所惯有的、特定的表情方式，以适应未来族群的社会生活、生产生活和家庭生活等。这样，成人与儿童借助表情这一载体（包括眼神、脸颊、手势、体姿等），可以完成情感表达规则的"教"与"学"。换言之，表情构成了非常重要的身体教科书技术。

四、行为模式

在保证族群生存的历史背景下，远古人类不断地总结生产实践、生活实践、斗争实践等方面的经验与教训，尝试性地提出一套相对有效的身体操作规范，来应对各种各样的生产困境、生活冲突和生存危机。与此对应，远古社会的教育活动大都建基于身体的行为模式，必须经过一整套的动作程序和一系列的身体操作才能完成。整体而言，这些教育活动主要包括生产劳动的教育、道德与社会行为规范的教育、原始宗教及相关内容的教育、体育和军事教育。②

可以想象，在上述教育活动中，远古时代的成人不仅要用自己身体进行动作和行为的示范，还要运用语言讲解各个动作和操作的基本要领，帮助儿童理解行为模式展开的内部法则。在示范教学的过程中，成人还要告知儿童掌握这些行为模式形成的原因和目的，并对儿童的模仿行为进行必要的语言性或表情性评价，帮助儿童明确特定行为模式的应用情境，形成应用行为模式的具体动机，进而将它们整合为特定的身体图式，进而以此形成行为模式，让儿童掌握。通过这样的

---

① 孟昭兰. 为什么面部表情可以作为情绪研究的客观指标[J]. 心理学报，1987（2）：124－134.

② 贺国庆，于洪波，朱文富. 外国教育史[M]. 北京：高等教育出版社，2009：5－7.

方式，儿童才能够与年长一代并肩作战，共同建设稳定的族群生活。

在远古社会，人类逐步学会使用多种物质工具（尤其石器），从事必要的生产和生活实践活动。在实践过程中，工具和身体不断地交互、协调和融合，共同支撑起生产生活的基本行为模式，成为人类适应与理解自然的中介，成为人类利用和改造世界的媒介。由此在远古教育活动中，以工具为媒介的行为模式构成了高阶水平的身体教科书技术。

五、身体教科书小结

从人类社会的发展历史来看，身体就是最初形态的教科书，可算作教科书技术的发端载体。在远古社会，成人运用身体教科书技术（包括动作、语言、表情和行为）来展开生产实践和社会生活，表达族群的精神面貌和个体的内心感受，并为儿童提供最直观的感知学习对象。根据具身认知的系统动力学理论，大脑、身体和环境构成具有耦合性质的认知动力系统。[①] 可以推测，在原始社会的生产生活实践过程中，经过长期的器官进化与自然适应过程，身体教科书实现了结构与功能的高度匹配，成为当时劳动教育和生活教育的理想载体。

在远古社会，成人可能具有丰富的生产生活经验，却未掌握活动对象的本质规律；他们可能自身建立了相对规范的行为表现模式，但较少地去思考经验传播的交往机制，以实现将经验有效地传授给他人的目的。在实践层面，他们主要是在生产生活中连带性地示范身体动作和行为表现，粗糙地指导儿童掌握生产生活的内容和方式。汉字"教"的词源学分析已经表明，远古教育方式既可以是以言训导，也可以是以"攴"加以指点或给以必要的"小击"。[②] 这样来看，原始社会身体教科书与相关技术只能算作初步的教学工具。

在原始社会不断发展的过程中，人类在不断地从事生产与生活实践，并且积累了越来越多的有效经验。随着人类智能的不断提升，生产、生活和科学经验背后的规律也逐渐被发掘和提炼，成为影响日后社会变革的重要力量。在这样的背

[①] 王美倩，郑旭东. 基于具身认知的学习环境及其进化机制：动力系统理论的视角[J]. 电化教育研究，2016（6）：54-60.

[②] 韩伟. "教"字中的远古教育文化[J]. 信阳师范学院学报（哲学社会科学版），2007（2）：71-73.

景下，社会越来越要求人类进行自觉的社会生活训练，最终教育以独立的形态被分化出来。[①] 在学校教育实践中，教师身体教科书的缺场易造成现当代教学实践中的情感缺失和互动无力等问题。但身体教科书由于具有不可留存和不可复制等特点，限制着典型经验的系统传承与广泛传播，所以不可避免地出现被纸质教科书替代、被教师无意间裁减甚至舍弃的倾向。

第二节　纸质教科书阶段

随着生产实践经验的发展和文明传播诉求的增强，人类发明并掌握了越来越多的物理性技术，以实现信息的固定、展示、增强和传播。随着文字符号、造纸技术和印刷技术的发明和应用，人类进入纸质教科书阶段（或称为"平面型教科书阶段"）。教科书逐渐将载体从人的身体转向甲骨、帛书、竹简和纸张，并在信息的表征方式、结构层次和承载数量等方面出现巨大的变化。下文以我国的教科书发展史为例，对相对典型且直观的教科书技术进行说明。

一、古代中国的教科书发展

自夏、商、周至清朝，中国地域经历数次大规模的民族融合，最终形成今日的中华民族。商朝晚期，甲骨文大量地出现，主要用于记录王室占卜活动的结果；在汉代，植物纤维造纸技术出现并得到改进；宋朝时期，活字印刷技术被发明并不断改进。在这漫长的历史过程中，纸质教科书也在不断地被创新、改进和推广应用着。

（一）刻画型教科书

甲骨文是我国目前发现最早的、比较成熟的文字。虽然甲骨文带有图画的性质，但其已经具备书法的要素（用笔、结字和章法），并能够反映出汉字造字的

---

① 陈桂生. 也谈人类教育的起源问题：与孔智华同志商榷[J]. 华东师范大学学报（教育科学版），1986（2）：87-89.

基本方法。在商代，卜官在王宫问卜之后，将问卜的过程和结果刻画在龟甲或兽骨上，由此将当时社会各个方面的发展状况客观地保存了下来。经过推测，这些官员在记录历史之余，还会教他人习刻，以将这些甲骨刻画技术保留下来。从教育传承的角度来讲，甲骨文可算作具有占卜性质的纸质教科书。

与身体教科书相比，商代甲骨文具有两方面的优势：一方面，甲骨文使用了动物骨片作为信息的物质载体，脱离了活的身体束缚，能够更为持久地保存人类经验；另一方面，甲骨文使用了文字作为信息的语言载体，能够更为简洁地反映人的内心思维。甲骨文的出现表明人们探索出了一种相对有效的信息保存技术，也意味着人们需要努力地提高思维和表达的质量。自此以后，以文字符号为核心的语言系统逐渐发展成熟，最终取代身体成为教科书技术的基础性构件。

但是，甲骨文也存在不足之处：一是骨片制作和文字刻画技术具有较高的复杂性和耗时性，不适合于大规模的甲骨文制造；二是甲骨的形状不整齐，面积不划一，不利于信息的有序存储与使用管理。所以，甲骨文形态的教科书数量相对较少，无法适应和支撑规模化的占卜教育和王族教育，最终被教育教学实践所淘汰。

（二）书写型教科书

在战国和秦汉时代，简牍成为盛行的书写材料，文字书写逐渐规范和统一。在西汉年间，植物纤维造纸技术出现；在东汉时期，蔡伦对造纸技术进行了改良和推广。在这些技术和制品的基础上，古代史官或士人能够运用毛笔和墨汁更加快捷地记录和传递信息，并在贵族统治范围内传播名家思想和政府官文。随着书写材料的不断改进和推广，贵族学校逐渐扩大教育对象和丰富教育内容，从而进一步保障封建社会的秩序、文化和生活的延续。

造纸技术和官学教育的不断发展，对教科书成品的需求进一步增加。但是，从战国至两汉时期，文字书写主要依靠人工来进行，需要耗费大量的人力和时间，难以满足当时的教科书成品使用需求。经过推测，在很多地方的教育实践中，教师会采用教师板书、学生抄写，或教师背诵、学生默写的方式，让学生自己完成课程内容的规模化复制。通过这样的形式，书写型教科书实现了自身的可复制性，并在一定程度上实现了扩大贵族教育的规模，甚至让开放民众受教育成为可能。

（三）印刷型教科书

就印刷技术方面而言，唐代发明雕版印刷，宋代毕昇发明活字印刷。[①] 在这些技术的支撑下，教科书的数量和品质得到了非常大的提升。以宋代为例，医学教科书已开始使用插图，把各科疾病的症状用诗歌的形式加以整理，以增强记忆的可能性和学习的兴趣。[②] 由于印刷技术的出现和改进，教科书作者能够进行批量化生产，在一定程度上保证了不同批次成品在字体、版式、内容等方面的一致性，从而有力地保证了信息复制和呈现的质量。

印刷技术实现规模化地制造书籍带来两个积极的结果：一是让广大民众有更多获得文本、提高自身的文化水平的机会；二是促进了专门知识的增加，以适应各类社会成员的需要。[③] 在唐宋时期，社会生活和私塾教育的极大繁荣便是这方面的有力证明。甚至可以说，印刷型教科书在某种程度上促进了古代科举制度的普及，为近现代学校教育的普及奠定了物质基础。

（四）蒙学型教科书

在古代中国，学校教育以官办学校为主体，以治民理政之术（尤其儒家经典）为主要课程，遵循统治阶级制定的教育法制。[④] 通常而言，古代官学较少关心年幼儿童的启蒙教育，而是将之留给私学教育。从夏朝开始，经秦汉时期，至唐宋年间，私学规模不断地扩大，蒙学内容和蒙学教材也在不断发展。尤其在唐宋年间，在印刷造纸技术与社会文化生活的双重支持下，人们拥有更多的时间与空间去思考和创造蒙学教材的内容与形式。

整体而论，我国古代蒙学教材具有三大特点：一是把识字、知识教学和培养伦理道德规范紧密而巧妙地结合起来；二是注意与日常生活联系，充分考虑儿童的兴趣和特点；三是在文字编排上，韵律自然，通俗易懂，颇有情趣，易于记

---

① 王鹏翥. 关于我国古代印刷术的探源问题[J]. 华中师院学报（哲学社会科学版），1982（6）：34，131–138.

② 熊承涤. 中国古代专科教育的教材[J]. 课程·教材·教法，1983（2）：53–56.

③ 戴维斯. 心智交汇：复杂时代的教学变革[M]. 毛齐明，译. 上海：华东师范大学出版社，2009：149–150.

④ 范忠信. 兴学养士与古代中国"官本位"教育法制：以官学为对象的初步考察[J]. 暨南学报（哲学社会科学版），2011（6）：130–140.

诵。① 排除其中的政治性因素，蒙学型教科书的特点反映出编写者开始思考儿童心理发展的现象与规律，且注重运用语言文字表达的特色与规律。换言之，儿童心理和语言表达逐渐成为教科书技术关注的对象。

（五）小结

整体而言，古代中国的教科书技术在硬件方面表现出较大的进步，主要体现为文字书写、纸张制造、印刷技术和汉语表达等技术的不断运用和进步，这些进步同时推动社会经济生活发生重大变革。自秦汉年间开始，我国古代社会逐渐建构出一套相对连续、稳定的社会秩序和文化内容，使得教科书在整体的内容选择方面较为固定。就蒙学教材而言，它虽然是供儿童使用的，但大多采用经典的内容和成年人的语言，根本意图在于保证儿童未来能够参加科举应试。②

有学者认为，随着生产力的日益发展，我国宋朝的部分地区已经出现了资本主义萌芽，主要表现为手工业大发展、商品经济出现、科学文化繁荣以及市民阶级产生等。③ 在这样的社会变革背景下，私学教育若要保持继续存在的必要性，就需要在某种程度上以社会现实为教学内容，同时调整课程资源与教学方法，帮助儿童初步认识社会的真实生活形态。于是，蒙学教材在内容素材上面临一次重要的抉择。

二、近代中国的教科书发展

（一）洋务运动时期

在鸦片战争发生之后，晚清政府洋务派提出"师夷长技以制夷"的战略。在教育领域，相关出版单位为适应当时社会的现实条件或发展诉求，开始组织人员进行教科书的编纂、翻译或修订等工作。1862 年，洋务派创办京师同文馆，开始有组织地引进、翻译和使用外国教材，教授西方的科学技术和社会文化知识。例如，杨枢和长秀以欧美国家的历史教科书为蓝本，编译了《各国史略》，

---

① 吴洪成. 试析我国古代蒙养教材的特点[J]. 课程·教材·教法，1997 (3)：57－58.

② 辛安亭. 深入浅出：陕甘宁边区编写教材的经验[J]. 课程·教材·教法，1981 (2)：58－60.

③ 董立章. 略论中国资本主义萌芽于宋[J]. 华南师范大学学报（社会科学版），2001 (3)：66－74.

供京师同文馆的历史教学使用。① 自此以后，我国官办新式学堂逐渐增加西方国家的学校课程，并采用西方教科书译本作为教学材料。

洋务运动时期，在教育领域比较活跃的外国人士便是传教士了。鸦片战争后，英美传教士花大力气建造教会学校，并编写供各门课程教学使用的教科书。这些教科书的内容浅显易懂，且文字自上而下排列，经常被各地的书院采用。但是，它们存在内容样式复杂不一、内容质量参差不齐等问题，在某种程度上影响了教会学校的教育质量。1877 年，在华传教士大会决定成立"益智书会"（后改名"学校教科书委员会"），专门编写和出版供教会学校使用的教科书。"教科书"一词由此而来。

整体而言，洋务运动时期的教科书编写缺乏必要的整体筹划，教科书使用缺乏统一的宏观管理。

（二）资产阶级民主革命时期

甲午战争后，大量清朝人士东渡日本取经。中国留日学生成立了许多译书团体，如译书汇编社、教科书译辑社、湖南编译社等，希望通过译书取道日本并输入西学。② 与此同时，清末各地兴建了大量的新式学堂，亟须现代化的教学资源来替代传统的儒学内容。在这两方面力量的推动下，很多有志之士加入西方教科书的翻译、编译和创作等活动，创建专门的教科书出版机构，由此促进了清末教科书市场的繁荣。

辛亥革命后，政府公布全新的教育宗旨、学制体系和课程标准。在这一时期，各类学堂和书坊（以商务印书馆、文明书局、中华书局为代表）积极组织教育文化力量，致力于探索中国教科书的独立编写道路，并在内容、结构和体例等方面取得了较高的成就。

（1）内容分科方面。

在清朝颁布《奏定学堂章程》之前，教科书编写者不受任何学校教育制度的限制，具有较宽泛的内容选择空间和较随意的组织编排方式。很多教科书没有明显的学科取向，仍以相对传统的"蒙学"为名称进行出版与发行。例如，上

---

① 马执斌. 中国历史教材近代化概述［J］. 课程·教材·教法，1998（1）：56－58.
② 同①.

海南洋公学在 1897 年编写的《蒙学课本》，在 1901 年订正并改名为《新订蒙学课本》，在 1906 年编有《最新绘图蒙学课本》。这些教科书以日常生活的所见所闻为主体，受到学堂师生普遍欢迎。

在清朝颁布《奏定学堂章程》之后，编写者开始依据章程内容并参照学制要求，分科（如修身、国文、理科等）和分级（包括初小、高小和中学）地编写教科书，强化现代社会的学科分类。商务印书馆从 1898 年开始出版《华英初阶》系列，并议定 1903 年以后分学期出版《最新教科书》系列，1907 年则出版了更加适用初等小学的《简明教科书》系列，以充分地适应小学生的理解水平。文明书局也在 1903 年编印了第一套分科教科书。① 进入民国以后，教科书的编审同样强调分科和分级的要求。

教科书编写分科化具有重要的转型意义。一方面，这项措施促进了我国近代课程内容选择的知识化和学科化，突破了传统课程的内容边界，有力地促进了我国课程的现代化转向。另一方面，这些措施促进了我国近代课程内容结构的系统化，通过积极引入西学（包括自然科学和社会科学），具体落实了"中学为体，西学为用"的教育思想。甚至清末民初还出现了颇具中国特色的分科教科书，如女子教科书、乡土教科书、通俗教科书等。

（2）结构体例方面。

至民国初期，各科教科书大多已经按学年或学期编排，并且各册结构体例趋于稳定。就小学科学教科书而言，每册书一般由封面、扉页、编辑大意、目次、课文、版权页和广告页组成。② 封面与扉页通常运用图片描绘出生动的学科场景，有助于唤起学生的学习兴趣；编辑大意能够让教师理解教科书的编写意图、内容框架、教学原则和注意事项；目次则能帮助学生更加便捷地寻找学习内容，同时方便师生课堂交流互动。版权页展示了图书的出版情况。广告页则展示了出版社的最新作品。

民国初期，教科书编写者大胆突破我国古代著作的编著体例，探索出非常多

---

① 吴小鸥，李想."蒙学科学全书"与 20 世纪初的科学启蒙[J]. 教育学报，2012（5）：118 - 128.

② 柴西勤. 民国初期小学科学课程与教科书的特色与启示[J]. 课程·教材·教法，2015（8）：120 - 125.

样的内容组织体例。这不仅反映出特定学科内容的内部关系，也奠定了现代教科书的基本要素。以历史学科为例，1902—1904 年，夏曾佑将我国的纪事本末体同外国的章节体有机结合，开我国用章节体编写历史教科书和通史的先例，编写出《最新中学中国历史教科书》；1903 年，文明书局出版章节体《蒙学中国历史教科书》，后附中国历史大事年表。这些探索奠定了我国现代中学历史教科书的基本结构与形式（包括前言、章节体和课后习题）。

值得注意的是，民国初期，实用主义教育思潮和自学辅导主义教学方法席卷全国，并积极地反映在教科书的教学构件上面：比如国文科侧重人生问题或社会问题的讨论；英语科注重常用语言的训练；自然科学课程则注重实验。① 与此同时，《中华教育界》等报刊积极地发表教科书研究的最新成果，倡议教科书编写与使用的先进经验。自此，教科书技术便已走进研究者的视界。

（3）语言文字方面。

清朝末期，西文标点符号逐渐影响汉语的书面表达体系。至民国初期，教科书在文字表达方面表现出一些特点，如课文多为竖排、出现印刷体字、使用标点符号、术语用圆点标注等。部分教科书使用新体白话文来代替文言文。② 在上海三等公学成立后，钟天纬编写了我国近代首部用语体文编写的教科书——《语体文教本》。③ 在实践的意义上，这些语言文字技术有效地提升了教科书内容表达的质量和阅读的速度。

（4）印刷装订方面。

清末民初，教科书印刷多采用石印技术替代之前的雕版印刷技术，并多选用宣纸作为基本用纸。在装订方面，教科书最初采用环筒页线装本。这种线装本虽然给阅读者带来书香感，但也存在易损坏的问题，不利于学生携带和使用。后来，商务印书馆从日本引进资本，招聘编辑顾问和印刷专家，将教科书改为新式洋装本。大约从 1905 年以后，洋装本教科书逐渐占据优势地位。④

---

① 吴小鸥. 清末民初教科书的启蒙诉求[D]. 长沙：湖南师范大学，2009：78.

② 白月桥. 新一代教科书的结构与功能：试评人教版义务教育历史教科书[J]. 课程·教材·教法，1994（3）：20-23.

③ 王建军. 中国近代教科书发展研究[M]. 广州：广东教育出版社，1996：98.

④ 马执斌. 中国历史教材近代化概述[J]. 课程·教材·教法，1998（1）：56-58.

1904 年，商务印书馆出版了《最新教科书》系列。这套教科书按照现代学制编辑，配有教授法，附有彩色插图，印有英文书名，在目次标有页码，有扉页。① 在这些现代印刷技术的帮助下，教科书本身表现出越来越高的美学追求。可以想象，这样的教科书不仅能够激发儿童的学习兴趣，改进儿童的阅读方式，还有助于发展他们的学科审美素养。

（三）新民主主义革命时期

自 1919 年爆发五四运动后，中国社会逐步进入新民主主义革命阶段，各地教科书在动荡中求生存和发展。

（1）编写依据方面。

1923 年，中华民国颁布《新学制课程标准纲要》，并陆续公布第一套分学科课程标准。虽然受限于当时的社会背景和研究条件，第一套课程标准存在诸多不足，但自此以后，学科课程标准成为教科书编写的直接依据。换个角度来看，课程标准的颁布意味着编者需要自觉提高编写水平，在规定范围内形成更高质量的学生用书。

在革命根据地，教科书的编写依据大多来源于党中央的政策性文件。在局部抗战时期，在 1933 年以前由教育部门全面负责教科书编审工作，1933 年以后则进行教材审定制实践。

（2）课程内容方面。

新民主主义革命阶段，我国各地区先后出现了性质多样的教科书。五四运动之后，中华民国政府继续改进学校教育系统，并于 1922 年由北洋政府颁布《学校系统改革案》（即壬戌学制）。伴随着壬戌学制的颁布，各个出版单位积极组织编写力量，改进内容选择，提升编纂技巧，形成种类多样、制作精美的教科书。由此，中国现代教科书进入"黄金二十年"的顶峰。②

1927 年南京政府成立后，南京政府教育行政部门决定取消公民教科书，推行三民主义教科书和党义教科书，推行党化教育。整体而言，这些教科书在当时确实起到了凝聚人心的作用。但是，它们最终都走进了模式化，缺少了学校教育

---

① 吴小鸥，褚兴敏. 中国现代教科书发展的"黄金二十年"[J]. 宁波大学学报（教育科学版），2014（4）：22.

② 同①.

应有的启蒙精神和教诲属性。

在抗日根据地时期，中国共产党十分重视教科书的编写工作。根据地教科书编写者们认真地理解政策，积极地调查边区生活和儿童心理，围绕战争动员、科学普及、生活改革、思想辨别等任务，创编了内容丰富多彩的教科书。随着根据地教育语境的变化，教科书编写者不断地更新内容，形成了体现根据地特色的教科书话语体系。①

临近解放战争结束，中国共产党再次面临教科书编写与管理方面的问题。1949 年，东北人民政府组织人员以苏联数学和自然科学（十年制）为模本，编译了供初中使用的教科书。同年，华北人民政府教育部教科书编审委员会成立，委员会精心组织人员修订解放区和国统区教科书，为新中国教科书的编审制度奠定了基础。②

（3）语言文字方面。

在新文化运动的影响下，白话文替代文言文的观念逐渐流行，中小学教科书也开始使用白话文进行编写。商务印书馆在 1919 年出版由庄适编纂的《新体国语教科书》，后续推出各科新体教科书，成为第一套系统的白话文教科书。而后白话文逐步替代文言文，成为教科书统一使用文体。在某种意义上，白话文的全面使用标志着教科书语言文字技术的近代化基本完成。

（4）印刷装订方面。

20 世纪 30 年代，我国的教科书印刷逐渐淘汰石印技术，采用更为先进的铅印技术。但是，在 1919—1949 年，全国的物资供应非常紧张，教材用纸也不例外。为了保证各地区能够完成教育任务，印刷出版单位想方设法筹备教材纸张，并由此出现了纸质多样的中小学教科书。

（四）小结

在近代中国的发展历程中，由于受到内外政治、经济和文化等力量的深度影响，教育实践与教科书技术都出现了巨大的变化。在这一时代，各地区教科书编

---

① 石玉. 中国革命根据地教科书的历史探析及文本特征［J］. 出版科学，2018（6）：115 – 121.

② 郭戈. 为新中国教科书奠基：华北人民政府教育部教科书编审委员会考述［J］. 课程·教材·教法，2019，39（11）：23 – 30.

写者都在不断地吸收语言文字组织和印刷制造方面的先进技术，不断地引入和扩展近代教学内容资源，创造出具有时代特征、学科特征和地域特征的话语建构技术，以优化教学实践过程和改善学生身心素养。在近代教育心理学科的帮助下，我国教育学界积累了大量的教科书实践经验和研究成果，有力推动了教科书技术的迅速发展。

三、现代中国的教科书发展

（一）探索建设时期

自 1949 年 10 月中华人民共和国成立开始，党中央逐渐领导新中国对各项事业进行探索建设。由于受到宏观政策的影响，中小学教科书表现出新的特征。

（1）纲本关系方面。

中华人民共和国成立后，中央人民政府教育部和出版总署会同拟定教科用书目录，要求中小学必须采用其中所列教材。1950 年底，人民教育出版社成立，开始集体化编辑、出版和发行中小学教科书。1955 年人民教育出版社依据教学大纲正式编撰出版新中国第一套统编教科书，并在全国使用。这套教科书开启了新中国中小学教科书"一纲一本"的时代。[①]

1958 年中共中央、国务院发布《关于教育事业管理权力下放问题的规定》，允许各地自行修订和编写教材。而后根据"学制要缩短，教育要革命"的要求，各地自行编写了大量简单实用的教材（如工业基础知识、农业基础知识）。整体来讲，教科书编写出现"无纲多本"的无序情形，给我国学校教育事业带来了严重的冲击。

（2）语言文字方面。

中华人民共和国成立后，逐步实施了新的语言文字政策。1956 年《汉字简化方案》公布，1958 年《汉语拼音方案》公布，对中小学教科书的编写产生了很大的影响。汉语拼音成为小学语文教科书的标配，教科书中会给生字注音，帮助学生识字和学习普通话，这一做法甚至渗透到其他学科的教科书。在此过程

---

① 吴小鸥，向黎. 艰难的规整：解放初期教科书之研究［J］. 湖南师范大学教育科学学报，2009（5）：12 – 16.

中，我国基础教育教科书的语言文字使用制度基本稳定。

（3）内容编排方面。

中华人民共和国成立初期，中小学教科书整体突出无产阶级特点，坚守社会主义阵营立场，树立领袖人物的崇高形象，以全方面谋求国家意识形态的建构。① 在此过程中，编写者采用以苏联为师的编辑思想，基本路径有三：一是整套翻译或编译苏联教科书；二是部分借用、适当改编苏联教科书，基本框架和主体内容源自苏联；三是整体改造、理念引领，虽具体内容已无苏联痕迹，但编写理念、内容选择与组织方式等仍效仿苏联。② 这样，我国出版了大量苏联化的教科书。

1966—1976 年，全国教育秩序处于比较混乱状态，没有统一的教学大纲和教学计划。教科书的学科门类匮乏（主要包括政文、工农业基础知识），且学科间与学科内的同质化现象严重。

值得注意的是，在探索建设期间，有些地方进行了教科书编写体例的有益探索。例如，中华人民共和国成立初期成人扫盲识字教材既沿袭传统识字教材的特点，又结合成人教育的特点。③ 人民教育出版社于 1956 年分汉语、文学对语文教科书进行编排。

（二）改革开放时期

（1）纲本关系方面。

改革开放以来，我国在人民教育出版社统编教科书的基础上，进行了两次大规模的教科书多样化改革实践。1988 年，遵循教材多样化的方针和国家教委的编写规划方案，人民教育出版社、北京师范大学、广东省教育厅和华南师范大学、四川省教委以及西南师范大学编写了 5 套不同层次的教材。浙江省和上海市根据地区特点编订教学大纲和教科书。河北省编写了小学复式教材。总体来看，这些教科书具有全新的编辑思想，科学、合理的教学设计和教学内容，灵活多样

---

① 吴小鸥，向黎. 艰难的规整：解放初期教科书之研究[J]. 湖南师范大学教育科学学报，2009（5）：12 - 16.

② 刘丽群，刘景超. 20 世纪 50 年代苏联对我国中小学教科书内容的影响：基于教科书文本的分析[J]. 课程·教材·教法，2014，34（3）：113 - 118.

③ 方成智. 建国初期识字课本分析[J]. 湖南师范大学教育科学学报，2008（3）：41 - 44.

的编写形式等特点。①

在"一纲多本"改革试验过程中，我国教育行政部门积极总结编写经验与管理经验，逐渐明确了 21 世纪教材改革的基本方向。在新课程改革过程中，我国正式实施了"一标多本"的教科书编写制度，鼓励各类教育出版单位参与中小学教科书的编写工作，由此出现了新的教科书繁荣景象。

（2）教育理念方面。

改革开放后，随着"一纲多本"政策的实施，教学大纲成为教科书编写的基本依据。改革初期，教科书编写者强调学科基础知识和基本技能的掌握，通过课文、图像和作业等手段增强学生的学科基本素养，以适应知识社会的基本要求。然而，至 20 世纪末，很多教科书在内容方面出现了难、繁、偏、旧，脱离了学生生活与社会发展的问题，并遭到教育学者的批评。

新课程改革实施后，编写者本着教科书应有利于引导学生利用已有的知识与经验主动探索知识，同时也应有利于教师创造性地进行教学的原则，在教科书的学科体系建设、教学内容设计、学习过程支持、三维目标表达等方面进行了较多探索并取得了较多成就。② 随着新课程改革的深入推进，"核心素养"成为当前教科书设计的基本导向，并期待着更高水平的教科书作者与教科书创新。

（3）内容编排方面。

改革开放以后，我国教育编辑人员主动反思以往教科书建设的基本经验，借鉴西方教科书编写经验，逐渐恢复教科书的编写与发行事务。整体而言，这个时期教科书的内容和编排均发生较大的变化。在内容选择方面，各类各门教科书积极跟进世界范围内的研究进展，补齐和改进学科的基础知识和基本技能；在组成结构方面，教科书积极恢复包括课文、图像及作业在内的三大系统，全面、系统地支持学生的学习过程。

进入 21 世纪，我国教科书编写开始实施"一标多本"政策。在此背景下，各地出版社积极组织编写者和研究者，立足课程改革的基本理念，围绕学科基本结构重新建构课程内容与呈现方式，形成了版本多种、模式多样、内容多彩的教

---

① 方成智. 新中国教科书多样化的开端："八套半"义务教育教科书研究［J］. 学术探索，2012（1）：178－180.

② 高凌飚. 关于新课程教科书的几点思考［J］. 课程·教材·教法，2002（9）：19－23.

科书作品。同时，越来越多的人员（包括教科书编写者、教师和各学科领域学者）投入教科书研究中，从社会学、政治学、文化学、历史学、心理学等视角分析与阐释教科书内容，形成了丰富、有参考意义的学术性成果。

（4）印刷装订方面。

改革开放后，我国积极引进西方的印刷技术，以改进中小学教科书的印刷质量。整体而言，目前的教科书印刷基本上采用胶印技术，选择胶版纸和书皮纸作为常用纸张，并遵循由国家制定的越来越严格的出版格式和发行要求。在色彩选择方面，目前的教科书有黑白版，双色版和彩色版等类型，以适应不同经济条件的学生和地区。此外，大多数教科书封面都会覆以塑料薄膜，保证学生的阅读使用次数，从而提高教科书的教学使用质量。

（5）教辅资料方面。

在改革开放逐步推进的过程中，教科书教辅资料也愈发多样化、系列化，类型包括教师用书、练习册、读本等。尤其重要的是，与学生用书配套的教师教学用书内容结构越来越全面，一般包括教科书的目的和任务、内容结构分析、教学建议、插图和活动形式说明、附录等。借助教师用书及其他教辅资料，教师能够深度地解析教科书内容，宏观地理解课程设计背景，系统地反思教学实践效果。

随着电子技术的发展，市场上出现了辅助性质的电化教材，类型包括视觉教材、听觉教材和视听教材。[①] 以投影片为例，它在 20 世纪 80 年代中期逐步应用于教学，多先采用手绘的办法绘制，再通过印染法印刷。[②] 人民教育出版社制定了《投影教材技术质量标准》与《投影教材基本版式规范》等标准，对计算机制作技术、印刷技术、使用原材料的规格质量等都作了详细的规定。

通过借助教辅材料，教师能够更好地理解、使用和调适教科书，建构更好的学习任务活动，提升教科书应用质量和改善课堂教学效果。

---

① 杨立国，王雅贤. 电化教材的编制[J]. 哲里木畜牧学院学报，1995（S1）：45，73.
② 蒋晓池. 投影教材的建设与发展简述[J]. 课程·教材·教法，2005（3）：15-19.

（三）小结

中华人民共和国成立初期，党中央确立了社会主义意识形态的中心地位，加强了教科书编用过程和编创力量的控制。但是受限于编创人员的力量，中华人民共和国成立初期教科书处于缓慢的整理和整合阶段。

改革开放之后，我国教育教学实践与研究逐渐步入正轨。教科书编创人员认真整理中华人民共和国成立初期教育改革和教科书改革的历史经验，积极学习与理解其他国家的先进课程理念和教科书编写经验，并站在新时期学科发展和学生发展的立场上，努力实现教科书设计、编写、应用和教学评价的规范化、科学化与现代化。进入21世纪，中国课程理念继续与时俱进，虽然此时的教科书仍存在不少问题，但中小学教科书的繁荣与质量提升，使得各个地方教育教学实际需要得到了一定的满足。

随着课程改革的不断推进与教学要求的不断提高，教科书受到复杂且动态的外部因素（如经济改革、政治发展、文化变迁）的影响，同时对内部要素（如学科内容、教学结构、学习方式）的要求也越来越高。编写者和研究者需建立共同体，相互扶持，协同创新，促使纸质教科书技术趋于更加完美的状态（如图 2－2）。

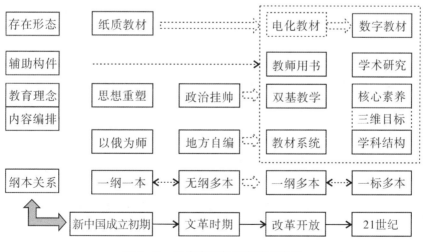

图 2－2　现代中国教科书技术发展

值得注意的是，在近现代，我国的教科书编审制度经历了很多变化：清朝末期从"编译"到"自编"再到"国定"，民国从"审定"到"国定"再到"并行"，新中国从"修订"经"统编"到"审定"，再到现在的"混合"。① 结果表明，适当的教科书管理体制能够提高编写者对教科书的创造质量。

第三节　数字教科书阶段

随着自然科技的发展，世界范围内的信息技术层出不穷，类型主要包括电子技术、计算机技术、多媒体技术、网络技术、云技术和人工智能技术，这些技术被积极地应用到学校教育教学环境的创建上。在此背景下，各个国家和地区的出版企业争相将数字化教科书作为重要的发展方向。

一、出版作品

2000 年 9 月，美国佛罗里达大学学生可以下载电子版课本，以代替传统的纸质课本，这些教材被认为是最早的电子化教材。人民教育出版社在 2002 年推出了我国第一代电子教材。② 在发展初期，数字教科书就是纸质教科书的直接翻拍和电子化保存，或在此基础上增加简单的翻页等功能。这类教科书的最大优势是可以减轻背负纸质教科书的重量。但是，这类教科书由于文本是静态的且不可被书写，所以难以为学生的阅读理解提供支持。

2010 年，我国教育部与上海市联合推出上海虹口区电子书包试点项目。人民教育出版社在 2013 年秋季推出第二代人教版数字教材，2018 年发布第三代人教数字教材。根据人民教育出版社的官网定义，数字教材是依据国家课程标准，以人教版纸质教材为蓝本的富媒体教材。它们利用互联网、数字媒体和大数据等技术手段，将学科教材、数字资源、学科工具和应用数据融于一体。借助这类教科书所承载的工具与资源，学生能够更加生动地理解学科知识的生成过程，更加

---

① 彭尔佳，康林益. 我国教科书百年回眸：教科书编审制度的演变[J]. 河北师范大学学报（教育科学版），2008（2）：12 – 16.

② 高路. 我国第一代电子教材：人教电子教科书问世[J]. 课程·教材·教法，2002（5）：40.

丰富地认识学科知识的应用范围，更加自由地表达个人意见或学习效果。

2022 年，国家市场监督管理总局、国家标准化管理委员会批准发布三份中小学数字教材国家标准，对数字教材的开发过程与出版管理进行了必要规范。《数字教材　中小学数字教材出版基本流程》将数字教材定义为：依据中小学课程规划或课程标准、教学大纲系统编写、开发，适用于信息化环境下教学互动的电子图书。① 这一定义明确了数字教科书的编写依据和适用环境，也重申了数字教科书的教学媒介功能。

二、科学理论

1954 年，斯金纳发表《学习的科学与教学的艺术》一文，深刻地发表了对程序教学的设想，他指出程序教学应遵循自定步调、小步子、积极反应、即时反馈等原则，根据直线式程序、分支式程序设计进行向前学习和反馈学习，以此不断地促使学习者向着学习目标迈进。② 根据本书关于教科书的内涵界定，这种内含课程内容的教学机器可算作初始的数字形态教科书。在某种意义上，《学习的科学与教学的艺术》可被视为数字化教科书理论研究的起点。

作为信息技术与教科书的融合结果，数字教科书积极地从众多领域的研究成果汲取思想营养和技术营养，尤其是信息技术、教育技术、数字化教学以及脑科学领域。例如，何克抗、阿兰·柯林斯、莫伦达、戴维·乔纳森等人从多种角度开展研究，为数字教科书研究提供了诸多理论基础。

值得注意的是，赵志明博士在 2014 年提交了博士论文《重新定义教科书——数字教科书研究》。该论文系统地梳理相关文献后，提出数字教科书是"教科书内容＋教学管理平台＋移动数字终端"的组合形态；数字教科书应当具有呈现的富媒性与定制性、内容的关联性与开放性、教学的互动性与自主性、载体的多样性与移动性等特征。③ 可以说，这篇博士论文直接面向数字教科书本身，为数字化教科书研究提供了有意义的见解。

① 国家市场监督管理总局，国家标准化管理委员会. 数字教材　中小学数字教材出版基本流程[S]. 2022：1.

② 龚维瑶. 程序教学简介[J]. 心理科学通讯，1965（2）：19-24.

③ 赵志明. 重新定义教科书：数字教科书研究[D]. 长沙：湖南师范大学，2014：50-52.

三、发展愿景

当代人类世界，以人工智能为代表的信息技术逐渐成为国家科学技术实力的重要标杆，引领着如数学、脑科学、心理学等学科的发展，并推动着各门学科研究实践的深度变革。可以预计，在人工智能技术和万物互联理念的带动下，数字教科书将会表现出更强的智能性、互动性和连通性。技术不只影响认知范围和行为对象，还在很大程度上影响我们注意、认知和行为的方式。[①] 在数字教科书的帮助下，未来的学生有机会更加便捷地获取学科信息，更加快速地解决学习问题，更加直接地体验现实生活；学生可以借助内嵌视频工具的数字教科书与同伴交流，甚至可以自主编辑教科书（类似于网页版的百科全书），从而创造性地完成课程学习任务，甚至协同创造新的生活实践状态。

值得注意的是，即使教科书实现更高水平的数字化，其本身不能实现辨别信息的真伪，不能创造解决问题的办法，也不能代替现实生活的体验，因而不能根本性地解决人类发展和个体发展的问题。人类若要解决这些问题，不能仅仅依赖科学技术的发展，还需要养成理性和人文精神，更需要未来一代真正理解人的存在意义。因此，教科书的形态并非教育的终结目的，只是教育的工具或手段，教科书的内容才真正值得教育学者去关心和研究。在实践意义上，我们需要严肃地看待纸质教科书的历史和现实意义，扬长避短，在数字教科书中完成合理的转轨、转置、转化和转型。

联合国教科文组织总干事伊琳娜·博科娃指出：没有比教育更强大的变革力量，促进人权和尊严，消除贫困和深化可持续发展，建设美好未来……这就是为什么我们必须重新思考教育愿景。[②] 面向未来，我们仍然需要站在促进人类社会繁荣和儿童全面发展的立场上，审慎地设计、应用、研究并批判地反思数字教科书的功能与价值，以此为基础思考数字化教科书技术的发展可能与应用边界。

[①] 戴维斯. 心智交汇：复杂时代的教学变革[M]. 毛齐明, 译. 上海：华东师范大学出版社, 2009：149 - 150.

[②] 李丹丹. 联合国教科文组织举办"重新思考教育：迈向全球共同利益"圆桌会议[J]. 世界教育信息, 2016, 29（2）：72.

第三章

教科书技术的价值取向

在人类社会的发展历史中，技术从来都是负载着创新工具与应用工具的价值。当然，如果人们未能合理地创新和正确地应用技术工具，就可能导致精神家园的荒芜或主体地位的异化，甚至可能引发社会矛盾。基于对现代主义技术观的批判，后现代主义认为技术的创新与应用应当秉持"关注生态"的价值取向，强调生态化的技术价值观，让人类能够借助技术栖居于世。

在教学实践过程中，教科书可能被教师更多地赋予"工具"角色。但是，教科书技术学绝不应当仅止于此，而是应当尝试站在更高视野看待教科书的价值：教科书是联结学生当下和未来的媒介，是联结教师教和学生学的媒介，是联结课堂和社会生活的媒介。教科书技术学将站在教育促进发展和促进教育发展的双重立场上，立足学生、教师和社会等主体的发展需要，探索教科书的组成元素及其演变过程。本章立足学生学习、教师指导和真实生活的整体特征，通过揭示这三者都具有的技术性品质，提出教科书技术促进相关方面整体发展的可能性，以阐释教科书技术所应具有的价值取向，规范未来的教科书技术研究。

第一节　提高学生学习质量

学生发展是教育活动的根本目的。教育活动若想促进学生素养的全面发展，基础性条件是能够让学生进入其中，并激活其身心的全部要素和能量。因此，教科书必须学会置身于学生素养及其发展过程的整体，将自身的技术性要素嵌入学生的学习过程，以合理且有效的方式提升他们的学习品质。

一、学生学习的全身心性

随着心理学研究的不断发展，人们对学生学习的认识越来越深刻、越来越全面。行为主义认为，学习的实质是个体通过强化建立刺激与反应的联结；认知主义认为，学习的实质是主体获得和应用符号性的表征或结构的过程。① 人本主义强调个人的自我实现潜能。② 当今认知心理学虽占据主导地位，但并不故步自封，而是积极地吸收其他领域的优秀研究成果，并形成了两种比较重要的思想——建构主义和具身理论。建构主义认为，学习的实质是个体与环境发生交互作用，并内化知识经验和建构认知图式的过程。③ 具身认知理论认为，身体在学习过程中起着非常关键的作用，认知是通过身体的体验及行为活动方式而形成。④ 可见，心理学界越来越强调学生学习的全身心性特征。

在教育历史上，学生学习过程从来没有忽视身体，也没有忽视心理，仅仅是有所偏重而已。在古代社会，学生同时承受身体惩戒和心灵灌输，成长为大人喜欢的"乖孩子"。在现代社会，学生不仅要发展道德（包括道德认知、道德行为和道德情感等）和智力（包括观察力、记忆力和思维力等），还要参与体育活动来发展体能、体质和体格，学习成为全面发展的"好孩子"。随着信息社会的到来，学生不仅要掌握应用信息技术的能力，还要发展创新能力、直觉能力和情感能力，拥有健康的身体作为行动基础变得更加重要。这样，未来学习应当更加强调身心融合，帮助学生适应未来世界的变动不居。

面对未来学习的身心深度融合要求，教科书应当面向学生学习的复杂性，合理并创造性地选择、搭配和使用相关元素，不仅要引导学生反思过去的身心经验，而且要帮助他们批判现实的身心状态，更要激励他们追求未来的身心和谐。当然，未来教科书（尤其是数字教科书）设计的首要任务可能是努力增强自身带给学生的观感，以便直接与学生建立更为亲切的情感关系，能够最大化地唤醒

---

① 叶增编. 建构主义学习理论与行为主义、认知主义关键特征之比较[J]. 现代远程教育研究，2006（3）：64 – 66.

② 张春兴. 现代心理学[M]. 上海：上海人民出版社，1994：465.

③ 同①.

④ 叶浩生. 具身认知：认知心理学的新取向[J]. 心理科学进展，2010（5）：705 – 710.

他们的身体感知，进而激发他们的知识、技能、情感等心理要素。

二、学生学习过程的技术属性

根据进化心理学，人类祖先在解决特定的适应性问题过程中，自然选择会倾向于能够增加生存和繁衍概率的行为模式和学习能力，由此产生并进化出人类的心理机制。① 按此观点，人类祖先不断地思考和创造技术工具，并使用它们与自然环境、社会环境发生相互作用，同时接受外界环境向身体施加的系统性影响，逐步地改造和优化自己的身体内部结构（尤其是脑组织），由此逐步形成当今人类的身心系统。可以说，人的身心系统是技术应用的产物，甚至就是一种技术性的存在。

在近现代社会，科学技术的进步极大地促进了人类社会的繁荣，人类随之越来越尊崇思维逻辑的发展与理性能力的培养。在当代社会，科技产品不断地更新换代和投放市场，要求消费者养成和提升对科技产品的技术操作能力与思维理解能力；在这一过程中，科学技术越来越深刻地影响着每个人的精神生活，影响其情感能力、操作能力以及创造能力的养成和表现。② 反映到教育领域内，科学技术的进步不仅推动着学生学习生活情境与过程的建构，也推动着其学习目的与内容的不断变革。然而，无论是工业社会所要求的读写算能力、信息社会所关注的理解与分析能力还是智慧时代所呼唤的创新能力，在某种意义上都源自前沿生产或科研工作者的技术实践生活经验，这在根本上规定了学生学习具有技术性特征。

在实践的意义上，学习就是学生在参与教育教学活动的过程中，填充、变换、重组、优化和稳定个体身心要素的过程。然而，人的生命系统是复杂和统一的，学生需要在各种各样的教学活动过程中，在整体或局部层面上不断地进行内化与外化行动，坚持不懈地进行身体性或心理性操作，逐步调整身心系统和提升身心素养，最终达到自我认定的最优化状态。正因学习过程如此复杂，所以越来

---

① 焦璇，陈毅文. 解释心理起源的新理论范式：进化心理学[J]. 心理科学进展，2004（4）：622－628.

② 彭纪生. 论科学技术的人文价值功能[J]. 东南大学学报（哲学社会科学版），2001（1）：20－22，113.

越多的学者投入到学习技术研究，帮助教师更好地理解、设计和实施学习方案、过程和资源等，以求最终改善学生的学习质量。①

三、教科书技术提高学生学习效果的可能

陶行知先生指出，书是一种生活的工具，读书、听书、看书全都服务于"用"这一目的。② 作为教学工具，教科书必须服务于学生学习的"用"这一根本性要求。这样，教科书技术的重要价值取向之一就是要衔接学生学习过程的技术性特征，让每个学生能够看得懂、用得上和学得会教科书，使它们能够促进学习活动的发生和学习过程的发展，帮助他们实现身心和谐发展。

在实践的意义上，教科书与学生之间并非仅有认知意义上的交互过程，还具有身体维度上的感知性和情感性因素的交互，教科书一方面激活学生的身体感知和认知加工系统，一方面向学生提供必要的文本信息与学科内容；学生一方面调整感知系统，将之聚焦于特定的文本段落，一方面运转思维系统，理解并建构文本的生命意义。在这样的过程中，教科书和学生协同地完成着各自的发展目标。由于学生个体具有独特的生理基础、经验基础和意志能力，教科书与其互动的维度、过程和结果存在多种可能形态。在某种意义上，这也为教科书技术提供了丰富的应用空间。

在学科内容方面，教科书技术应当通过优化知识与技能、过程与方法、情感态度与价值观的呈现方式，使教科书文本内容贴近且高于学生生活，合理地建造课程内容维度上的"最近发展区"。以语言表达为例，编写者要注意文字使用的规范性和教学的可操作性，使教科书中的语言合乎学科实践要求地组织课程内容，合乎学习心理地呈现学科素养，让学生有机会仔细地理解学科知识，清晰地模仿学科技能，稳健地形成学科思维。③

就学习支持而言，教科书技术应当尽量提供相关内容生成的必要线索，让学

---

① 董玉琦，包正委，刘向永，等. CTCL：教育技术学研究的新范式（2）：从"媒体应用""课程整合"到"学习技术"[J]. 远程教育杂志，2013（2）：4 – 13.

② 江苏省陶行知教育思想研究会，南京晓庄师范陶行知研究室. 陶行知文集[M]. 南京：江苏人民出版社，1981：294.

③ 朱泳. 语文教科书课文语言的加工修改[J]. 课程·教材·教法，1999（8）：20 – 24.

生能够自主聚焦符号状态的学科内容，增强对课程内容的理解深度，或规避可能发生的认知错误。在这方面，教科书技术应积极地吸收阅读心理学、认知心理学、脑科学方面的理论成果和技术成就，建构包含表象、感知、动作、概念、思维和情感等心理因素在内的复杂体系，尝试使用多种途径去激活学生的全身心系统，让他们有多重机会去触碰、理解和应用教科书。

在现代生活的意义上，教学内生道德的价值表征是发展、自主和合作。① 从这一伦理要求出发，教科书技术要立足于现代社会的价值诉求，学会将科学价值和人文价值进行技术性表达，并使之渗透于学科内容，引导学生建构自身的价值，探索和追寻自己的人生使命。在此基础上，教科书技术要努力提供学生学习交流的空间、路径和方式，创造意见表达的机会和条件，让学生学会以合作促成长和以成长促合作，成为一个具有现代精神的社会人。

第二节　提升教师教学效能

教科书须包含或反映具有公共价值的学科知识、实践思维和社会价值观，但如果将这些内容不加处理、完整地呈现在教科书内容中，则有可能因脱离学生经验而使学生难以接受。这就需要教科书编写者在理解教学设计与课堂实践的整体框架与完整过程的基础上，将之与学科内容进行合理、必要的融合。教科书需要认真地对待教师教学实践的系统特征，发挥自身的技术作用支撑教师的教学过程，有效地提升教师的教学效能。

一、教师教学的系统特征

随着社会生活的发展，教师教学面临着越来越复杂的外在要求，并需要在课程知识、教学职能或实践过程等方面表现出越来越强大的系统性。传统教学过程是教学设计、教学实施和教学评价的松散联合，仅仅要求教师依次执行三个环节

---

① 周建平. 教学伦理价值探析[J]. 现代教育论丛，2004（5）：11－15.

的任务即可，现代教学则是这三者的连续体，要求教师对这三者进行反复的前后推演和相互验证。针对教学实践过程前后的复杂相关性，舍恩提出了"对行动的反思"这一理念：教师在完成教学实践后，不仅要进行简单的教学评价或小结，还要对行动进行反思，即通过情境回应、实践者倾听和循环对话等再次对情境进行重组。①

按空间维度讲，教师教学实际上是学生个体与群体、课程内容与活动、班级环境与氛围、教师指导与关怀等共时性要素构成的综合体。在真实的教学现场，全部课堂要素总是在同时相互作用，由此形成了很多教师难以把握的"不确定地带"。面对这种情况，教师需要进行行动反思，运用教学艺术和直觉来厘清问题情境，通过"现场的实验"来推动问题的解决，② 形成教学机制。另外，舍恩还提出"对行动中反思的反思"概念，以事后增强教师对教学世界复杂性的意识和认识。

随着学校教育要求的提高，教研早已成为教师教学生活的重要组成部分，而行动研究融科研与教研于一体，已经成为教育理论与教学实践互相转化的重要桥梁，成为教师不断提升教学素养的有效途径。行动研究的提出本身就意味着，未来的教师不能仅仅意识到时空的复杂性，还要训练思维的深度和缜密度，争取实现更高水平的自主教学。作为教学活动的基本工具，教科书必须积极地适应教师专业实践的发展趋势，实现自身的技术性变革，设法支撑起教师的整体教学活动。

二、教师教学实践的技术取向

在实践的意义上，教学实践具有较强的技术性特征。在整体层面上，教师积极践行系统论思想，建构并实践相对线性的学习流程，进行相对有序的教学互动，帮助学生形成学科的认识框架或掌握具体的知识技能，从而完成特定学科课程规定的目的与任务。在微观层面上，教师必须预先对学习基础进行技术化调查、理解和判断，对学习活动进行技术化设计、分析甚至试验，对学习内容进行

---

① D. A. Schon. The reflective practitioner：How professionals think in aciton. NewYork：Basic Books，1983：131 – 132.

② 同①141.

技术化分解、综合和调整，才能引导学生逐步有效地养成学科素养。对中等生或后进生而言，这种技术化的处理方式具有非常重要的作用。

随着社会生活的发展，对学生发展核心素养的要求正在从低层次的记忆、理解和应用转向高层次的分析、评价和创造。与之相对应，现代教学系统设计要求从学校教育变革与转型的总体要求出发，跳出现有系统的边界来思考问题和寻求解决方案。[①] 这意味着教师要从更高的水平对教学进行技术性思考。例如，为了帮助学生理解知识，古代教师可能借助语言进行讲解，近代教师借助板书直观地表达或演绎学科知识，当代教师则升级到运用多媒体技术来生动地呈现学科实践过程。因此，在课程与教学深化改革的过程中，教师要学会站在更高的水平理解和筹划新技术，针对新的现实需求调整技术的运用。

未来教学生活中，教师需要及时地了解信息型工具（如人工智能、网络技术等），积极地探索和应用教学型工具（如思维可视化、小组合作等），扎实地掌握研究型工具（如行动研究法、质性研究方法等），丰富教学设计、教学实施与教学评价的技术储备，提升系统化技术运用的视野高度、思维层次和能力水平。尤其重要的是，教师要尝试将这些技术工具与课程内容进行匹配与融合，探寻出相关技术应用的最大范围与合理边界。这样，教师才能够创造更加有效的教学模式，生成更高水平的教学机制，为实现儿童全面发展奠定技术理性的基础。

三、教科书技术提升教师教学效能的可能

观其本质，教学技术的价值在于教师帮助解决了教学问题，过程与结果并重，注重投入与产出效益，满足正确、规范与高效率教学的需要。[②] 在实践的意义上，教科书技术需要树立服务于教师教学的理念，帮助教师点面结合地突破落后教学理念的束缚，扎扎实实地掌握"用教材教"的基本方式，从而高效地完成课程教学改革的基本任务。下文将从教学材料、教学设计和教学思想等维度阐述教科书技术改进教师教学的可能性。

在教学材料方面，教科书技术应当发挥最基础和最重要的支持作用。随着学

---

① 张祖忻. 从教学设计到绩效技术[J]. 中国电化教育，2000（7）：5－8.

② 曲中林，胡海建. 教学技术是有效教学的"利器"：与叶波博士商榷[J]. 中国教育学刊，2015（2）：1－5.

科的发展，教科书编写者应当不断地更新学科知识技能，调整学科内容基本结构，拓宽学科实践形态，夯实学科价值伦理，并以特定的组织方式和表达方式将之呈现在教科书页面，为教师提供更为新鲜、有效的教学素材。例如，在清末民初时期，随着西方自然科学的大量引入，我国教科书编写者逐步转向按学科分册、按章节组织、按课文设置作业的结构形式来编排教科书内容，以此帮助教师系统地了解自然科学的基本结构，分级分段地理解课堂教学的具体内容。甚至当时人文学科教材也采用打破古代经典著作的编排方式，而借鉴西方教科书的体例结构，帮助教师有效地进行教学实践。

就教学设计而言，教科书技术应当以支持学生学习为根本，同时持续地提升教师教学设计与课堂指导的效果。当今教科书基本组成系统都已具有比较明确的教学价值：导言部分为教师提供教学活动的目标；课文部分为教师提供教学分析的对象；作业部分为教师提供教学评价的方式。面向未来，教科书技术（尤其是数字技术）应用实践需要尝试性关注、吸纳和融入原有教师用书的主体内容，全面地覆盖教学活动的时间要素、空间要素和思维要素，在教学时数、内容分量、内容思维层次和帮助教师解决问题等方面继续创新，为教师合理搭建教学模式和有效改变教学理念提供充分的技术性支持。

主体性教育自身必须是开放的，它必须面向社会，不断从社会中吸收原料。[①] 现今人类社会的道德伦理规范已经逐步进入教学世界，形成了教学人道、教学平等和教学自由等伦理，并日益成为教学实践活动的基本依循。[②] 在这种背景下，教科书技术必须努力地容纳、贴合与实践当代教学活动的伦理要求。在编写实践中，教科书编写者应当合理地进行活动设计、内容解读和实践批判，在激活教师教学技术世界的基础上，帮助他们形成多样化教学角色的意识，发展对话性课堂交往理念，建构学习型专业发展能力，最终成长为科学、技术与伦理兼备的教育专家。

---

① 刘次林. 论主体性教育的实践品质：开放性和自主性[J]. 南京师大学报（社会科学版），1999（3）：79-82.

② 周建平. 教学伦理价值探析[J]. 现代教育论丛，2004（5）：11-15.

第三节　引领现实世界发展

研究表明，物质、生命和人类社会在进化过程中都表现出非常显著的复杂性和非线性特征，并于当今表现出变幻不定的状态。[①] 面对此景，人类发现自我并掌握世界的安全需要从未如此强烈。教科书必须面对复杂的世界生活，通过获取、选择、组织和修饰等技术手段呈现世界，引导师生接触现实和掌握工具，以追寻不确定世界中的真、善、美。

一、现实世界的复杂本质

随着实践经验的积累与发展，人们越来越认识到现实世界是充满复杂性的存在。自然世界、社会生活和个体生命，概莫如是。这些存在充满了神秘色彩，令各界学者心驰神往。以生命为例，它被生物学、心理学和社会学等领域所关注，并形成了丰富的解密结果。在心理学视野下，个体生命包括认知、情感、行为和身体等组成部分及微观要素，这些组成部分和微观要素不仅会被种种外在环境所影响，还会进行共时、动态的内部交互作用，并表现出复杂性特征。自然世界、社会生活和内部心理的互动更是增添和形成了个体生命的多样性与复杂性。

作为人的存在方式，劳动是从制造工具开始的。[②] 在进化过程中，人类不仅学会了不断地创造物质工具来打开和改造自然世界，建造出越来越美好的物质世界，而且学会了不断地发明文化工具来理解和记录社会世界，打造越来越丰富的文化生活，更是学会了不断地创新思维工具来表达和内化劳动世界，建构越来越精致的心理世界。通过不断多样化和复杂化的工具制造和使用，人类的实践活动、社会生活和思维过程都表现出越来越强的复杂性特征。

每个主体都会追求自己定义的美好生活，都希望以独特的方式拓展未知世界

---

① 克劳斯·迈因策尔. 复杂性中的思维[M]. 北京：中央编译出版社，2000：序.
② 恩格斯. 自然辩证法[M]. 中共中央马克思恩格斯列宁斯大林著作编译局，译. 北京：人民出版社，1971：154.

或设计未来世界。但是，现实世界常常表现出难以名状的复杂，给生活于其中的个体带来了不确定性和模糊性，可能带来丰富的选择空间，这就向学校教育（含教科书）提出了非常高的要求。面向未来的成人世界，教科书技术既要学会呈现并简化社会的复杂，还要择取并书写世界的美好，让学生充满安全感地接触、理解与适应社会，充满期待地探索和建造世界。

二、现实世界发展的技术元素

制造工具是人类劳动产生、人类形成和人类社会出现的标志。[①] 在生产实践过程中，人们通过使用工具来改造自然世界，使整个世界都渗透着技术的元素。在教育世界，学校教室是用工具建造的，教学用品是用技艺制造的，文化知识是用技术呈现的；在科学世界，学者用工具打开现实世界，用思维揭示其中的本质和关系，用语言发表学术结论；在文化世界，价值伦理被作家用语言文字来表达，甚至用身体动作来表现，等等。在各种实践活动中，人们还会传递和传播技术性工具，使得主体间关系具备了一定程度的技术属性。

在运用工具与世界交互的过程中，人的身体能力与思维能力形成了技术性品质。就起源而言，无论外部的、运动的还是内部的、智力的操作都是相应动作发展的产物，抽象出动作的对象与条件的客观关系，并将之固定在操作之内。[②] 由于大脑具有运行机理的内在不确定性特征，能够不断地吸收外在的不确定性，为人类在实践过程中建造出越来越强、越来越复杂的技能与能力体系提供了条件。[③] 正是凭借能力的技术性本质，现代人类才能凭借理解能力不断地认识世界，凭借实践能力不断地改造世界，凭借道德能力不断地择选世界。

一部人类的历史就是人类不断地创造和追求真、善、美的历史，也是人类不断地走向和谐、自由的历史。[④] 人类对真、善、美的追求离不开技术的使用、创

① 罗先德. 马克思论制造工具在人类形成中的地位和作用：纪念马克思逝世一百周年[J]. 西北民族大学学报（哲学社会科学版），1983（1）：5-13.

② 阿·尼·列昂捷夫. 活动 意识 个性[M]. 李沂，等译. 上海：上海译文出版社，1980：23.

③ 张本祥，颜泽贤. 复杂性视角下人类认识的若干局限[J]. 科学技术与辩证法，2006（2）：18-20, 109.

④ 刘志山. 和谐发展与真善美[J]. 马克思主义与现实，2005（3）：142-144.

造和改进。倘若没有物质技术，个体只能孤独地自我思索，恐怕难以发现自己的全部潜能；倘若没有记忆技术，个体只能散漫地探索世界，恐怕会迷失于琐碎的生活之中。人类历史表明，技术是一把"双刃剑"，同时可能产生积极或消极的效果。因此，每一代人都在不断地提升技术应用的价值标准，优化技术实践的过程和批判技术应用的结果，借以保持自身求真、向善、崇美的心灵与信念。

三、教科书技术引领现实世界的可能

鉴于世界的复杂本质和技术的实践价值，教科书需要帮助学生在复杂世界中运用技术，在复杂社会中理解技术，在复杂工作中创造技术，并学会运用主体性技能与能力去实现世界的美好和繁荣。以此为出发点，教科书技术应当具有三种基本属性：有引导人动作的力量、有引导人思想的力量和有引导人产生新价值的力量。①

在实践的意义上，活动的对象是活动的真正动机，使活动具有基本的方向性。② 教科书技术若要具备学习的引导性力量，首先要做好表面形态的建设，如封面图片、纸张大小、图片颜色等，能够使学生愿意看教科书。更为关键的是，编写者要在内容选择方面坚持知识与技能相统一的原则，在语言表达方面坚持形象与过程相统一的原则，在学习要求方面坚持阅读与行动相统一的原则，将教科书建造成一个有意义的活动空间，激发学生学习的兴趣、经验与动力等，能够令学生愿意学教科书。

在积极适应社会的意义上，教科书技术应当以现实世界为蓝本，在努力地反映学术研究与学术成果、学科知识与学科价值的基础上，积极地显示真实生活的技术维度和学术品性，全面地体现技术、科学、价值和问题的交互关系，帮助学生形成较为全面的个人生活的基本学识。教科书技术应当致力于帮助学生学会分析现实世界中的复杂关系，批判人类社会现实生活的生存状态和思想基础，形成过上美好生活的基本动力。此外，教科书还要技术性地创造学生思考、探索和建造未来世界的多维空间，让他们的身体、认知和思想融于"学习即生活"的发

---

① 夏德清. 陶行知先生论教科书[J]. 课程·教材·教法, 1984 (6)：15–17.
② 阿·尼·列昂捷夫. 活动 意识 个性[M]. 李沂, 等译. 上海：上海译文出版社, 1980：68.

展过程。

　　价值取向是主体选择和实践个人生活的重要标尺，其内在根据是主体的价值观念。① 为了让学生追求至真、至善和至美的生活，教科书编写者应当根据真、善、美的原则选择和落实学科内容，依据专业伦理规范展现和批判学科实践，将社会与学科的核心价值观融为一体。微观地讲，教科书技术要努力支持活动任务的情境性、语言表达的具身性和价值渗透的可行性，提高学生透彻理解价值内涵的可能性，改善学生认同高尚道德的稳定性，并增强他们遵循伦理规范建设生活的积极性。这样，教科书才有可能引导学生接触现实生活，进而引领现实世界的发展。

　　总而言之，作为教学实践的重要载体，教科书与教科书技术应当在促进学生学习品质、改进教师教学效能和引领现实世界发展等方面发挥功能。当然，学生、教师和社会都包含着复杂的经验基础、内部机制和发展方向，并且通过动态的相互关系和交互作用来实现更高品质的发展。任何教科书技术都不能一劳永逸地解决所有问题，也难以旷日弥久地具有教育价值。教科书编写者需要与时俱进，不断地吸收、改进和创新技术，不断地检验、研究和批判技术。只有这样，教科书技术才能不断地向前发展，实现自身存在的历史价值。

---

① 徐玲. 价值取向本质之探究[J]. 探索，2000（2）：69 - 71.

第四章

课程设计视域下的教科书技术

　　泰勒在 1949 年发表的《课程与教学的基本原理》中提出了课程编制的基本步骤，即如何确定教育目标、选择学习经验、组织学习经验和评价学习经验，奠定了日后课程研究与实践的思维起点。① 在某种意义上，当今课程设计的种种方向，如认知过程研究法、技术式课程、自我实现和完全经验式课程、社会改造式课程和学术理性主义课程等都是泰勒所提问题的开放性答案。② 作为教学实践中的课程载体，教科书遵循泰勒原理，聚焦特定教育问题，参照相关课程设计思想而形成了一份具体"答卷"。

　　作为教学活动的公共性预设，学科教科书的首要条件是遵循目标—手段思维，按照特定时期的教育价值取向（包括社会发展、学科发展或学生发展），最大范围地选择相关学科素材。布鲁纳认为：课程不但要反映知识本身的性质，还要反映求知者的素质和知识获得过程的性质。③ 顺此思路，教科书编写者在选择内容的过程中，必须关注到以下三个基本因素："知识本身的性质"，即学科知识结构；"求知者的素质"，即学生的认知结构与基本经验；"知识获得过程的性质"，即人类的实践过程与认识结构。在此基础上，编写者还应当遵循结构—功能思维，合理地运用教科书技术来组织与表达最终选定的相关内容，使之成为师生可操作、可阅读、可理解和可交互的教学工具——教科书（如图 4-1）。

---

　　① 邓友超. 看待"泰勒原理"的辩证法[J]. 上海教育科研，2007（2）：12-13.
　　② 埃利尔特·W. 艾斯纳，埃利泽布斯. 瓦伦思. 五种课程概念：它们的思想根源及其课程设计的思想：上[J]. 廖哲勋，译. 课程·教材·教法，1985（3）：84-87.
　　③ 华东师范大学教育系，杭州大学. 现代西方资产阶级教育思想流派论著选[G]. 北京：人民教育出版社，1980：411.

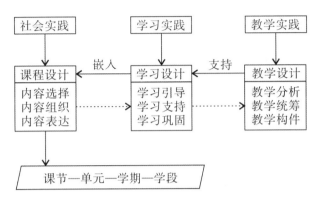

图 4 - 1　纸质教科书技术的结构组织示意

　　本章将遵循泰勒提出的课程编制基本步骤，借鉴课程设计领域的概念、原理和方法，聚焦我国近现代教育中中小学纸质教科书的学科内容要素，尝试以内容选择、内容组织和内容表达为基本板块，按照学段、学期、单元和课节等时间段形式提炼教科书技术的具体表现形态与基本组织方式。最后，根据学科教科书的历史发展过程、教学实践经验和学术研究成果，尝试性地提出课程设计视野下的教科书技术学规律。

第一节　内容选择技术

　　在印刷出版的意义上，纸质教科书的页面容量有限，无法包含无限度的人类社会文化生活。人类社会文化生活内容若要进入教科书，必须经过严格的选择过程。我们很难想象，古人如何逐步地积累起大量的教学素材，只为编写出薄薄的教材文本。可以推测，最早的教科书内容选择技术可能并不成熟，导致书中内容杂乱无序。但是，对于任何学科，第一版教科书一旦编成或出版，就会深刻地影响学科教学的内容构成，成为后来编写者参考的范本，进而影响未来教科书的内容选择与组织表达。鉴于当前教科书的学科建制化与内容体系化，本节将按学段—学期—单元—课节的层次，选择有代表性的教科书作品阐述课程内容选择技术的研究与应用。

一、学段选择技术

"学段"是一个相对的时间性概念，是指特定的学习阶段或其中较小的特定学习区间或时间范围。① 随着我国近现代教育制度的发展，小学、初中和高中逐步成为法定意义上的学制学段。

（一）古代教科书内容选择技术

在我国古代教育中，就蒙学教材而言，从周朝经秦汉到南北朝时期（以《千字文》为代表），再到宋元明清（以《三字经》《百家姓》为代表），数量不断增加，根据张志公所著的《传统语文教育初探》附有的"蒙学书目稿"，计有580 余种，包括识字、伦理、历史、诗词、名物和工具等类别。② 整体而言，蒙学教材大多围绕日常生活经验进行分类编写，并通过内容补充和种类增加等方式来尽量覆盖日常社会生活各方面。但是，蒙学教材的内部划分是相对简单、无序的，给人以多而杂的整体印象。

在学段的意义上，蒙学教材的内容选择大多采取生活经验映射技术，即编写者面向古代社会生活的基本领域，择取、整理和修饰这些领域的粗糙经验，然后将其投射到蒙学教科书中，借以帮助儿童掌握这些经验形成的能力，过上相对全面的社会生活。从历史的角度来看，这种内容选择技术是古代社会生活的发展水平所造就的，同时也是近现代部分学科（尤其小学低年段）和学科融合教科书内容选择的基础方法。例如，浙江教育出版社 2003 年出版了初中学段的科学教材，尝试以物理、化学和生物等学科内容交替混搭的方式来编排内容。

（二）近代教科书内容选择技术

鸦片战争之后，晚清社会走进了教育近代化时期，创立了很多教会学校和洋务学堂。1877 年，在华传教士在第一次大会上决定成立"学校教科书委员会"，系统地筹备了初等学校使用的教科书，但仍以相对混杂的方式构成科目体系，包

---

① 刘鹏飞，史宁中. 论"学段"[J]. 东北师大学报（哲学社会科学版），2014（5）：206－209.

② 李良品. 试论古代蒙学教材的类型、特点及教育功能[J]. 甘肃社会科学，2004（3）：32，84－86.

括算术、几何、代数、测量学等，约 20 门。① 直到 1904 年晚清政府实施《奏定学堂章程》并正式建立基础教育学制，包括蒙学堂、小学堂和中学堂等，近代中小学段教科书的科目体系才渐被理顺并趋于稳定，主要包括修身、读经、中国文字、算术、历史、地理、格致和体操等科目。

洋务运动期间，教科书编写者抱着"师夷长技以制夷"的态度学习西方教育思想，倾向于采用翻译汇编技术引进西方的课程内容。在西学方面，多数编写者主动地选择和进行"西化"，或者直接使用外国教材，或者将外国教材直接译为中文，或者摘选译编为中文教材。在中学方面，修身、读经、中国史等科目的编者则进行"白化"，使用新语体编译文言文著作，使用新分类以贴近学生的成长规律。商务印书馆认为：我国道德之书，莫备于经。特陈义过高，幼年骤难理解，在 1907 年出版《最新经训教科书》（高等小学用），采取群经中合于日常须知之道德，分对己、对家、对群三大纲，讲经义各按德目依类列入。② 整体而言，在古代文化转向现代文化、西方文化输入中国文化的过程中，翻译汇编技术在教科书编写方面发挥了非常重要的作用。

从内容本源来看，近代教科书编写者大多采用学科知识映射技术选择科目内容：一方面，编写者参照分门别类的学科实践领域，择取专业的学科知识与实践经验，并将之投射至学科教科书，借以帮助学生过上全面的"学科生活"；另一方面，编写者按照学科体系内部内容的逻辑与层次，将所选专业知识分级编入各个学期的教科书中，用以帮助学生逐步掌握学科内容。通过这一进程，近代教科书的内容选择实现了学科意义上的秩序化。1923 年，全国教育联合会新学制课程标准起草委员会发布了《新学制课程标准纲要》，并详细规定了各个学科的内容纲要和教学要求等。自此，课程标准成为教科书内容选择的一种新参照。而学科之外的生活经验必须转变为编写者所认可的科目形态，才能渗透进学科教科书，从而维持自己存在的可能与价值。

在近代教科书体系演变过程中，价值教育日渐得到编写者的重点关注。商务印书馆于 1912 年以"注重自由、平等之精神，守法合群之德义，以养成共和国

---

① 吴洪成."洋务运动"时期西学教科书编译问题研究[J]. 临沂师范学院学报，2004（5）：32－36.

② 姚祖义. 最新中国历史教科书[M]. 22 版. 上海：商务印书馆，1910.

民之人格"为原则，编写了著名的《共和国教科书》。① 在 1923 年则以"培养权责对应的明达公民"为目标，创编了《新学制公民教科书》（代替先前的修身教科书系列），以不断地取代无法适应时代需要的价值观体系。② 在此过程中，科目替换成为教科书体系变革的基本方式，价值评判筛选正式走进文科类教科书的内容选择技术序列。

值得注意的是，在近代教科书的转型与发展过程中，《中华教育界》杂志发挥了非常重要的作用。《中华教育界》杂志以研究教育、促进文化为宗旨，传播教科书编写、发行和个性的最新动态，以此促进了民国教科书的科学化、规范化和现代化。③ 该杂志以中华书局的编写者为创作主体，论述了教科书的基本功能和价值、编写思路与策略，并向社会广泛征集教科书的使用实例。这些讨论多以儿童的心理成长为重要线索，检视、评价和反思教科书内容选择的过程与结果，相对系统地构成了一类教科书技术——心理发展透视技术。

整体而言，在近代中国教科书的编辑实践中，生活经验映射、学科知识映射、价值评判筛选和心理发展透视构成了内容选择技术的主体组成部分和现代教科书内容选择技术发展的基石。教科书编写者借助这些基础性内容选择技术，完成了近代中国传统教科书的转型过程，形成了符合国情、内容丰富且贴近儿童的近代教科书体系。以此为基础，近代中国儿童能够感受、吸纳传统社会的文化精华，借鉴西方社会的优秀思想，融合成"中体西用"的时代精神，逐步走向深奥的自然世界、现代的社会世界和神圣的科学世界。

（三）现代教科书内容选择技术

在现代中国发展过程中，教科书内容选择大体经历了三类主要技术形态。在中华人民共和国成立初期，教科书编写者设法努力地运用既有的内容选择技术，遵循"为工农服务，为生产建设服务"的方针，完成新民主主义教育的使命。④

---

① 陈景磐. 中国近代教育史[M]. 北京：人民教育出版社，1985.

② 梁伟红. 民国初期的公民教育实践：以商务印书馆"新学制公民教科书"为例[C]. 第四届国际教育研讨会. 2012：19 – 28.

③ 王博.《中华教育界》与民国初期教科书的变革[J]. 课程·教材·教法，2013（3）：103 – 110.

④ 钱俊瑞. 当前教育建设的方针：下[J]. 人民教育，1950（2）：8 – 11.

文科类编写者运用价值评判筛选技术，依据"民族的、科学的、大众的"原则来选择、改编与组织根据地、解放区的教科书内容；理科类编写者则运用生活经验映射技术，积极从中华人民共和国初期的现实工业农业生活中选择典型素材，构成学科内容并引入、理解和运用整体情境。

1966—1976 年，我国开始使用特殊的教科书内容选择技术——学科匹配语录技术。编写者在组织各级学段和各门学科教科书内容时，将毛泽东语录相关内容增加到教科书内容中，由此形成了当时的内容组织形态。在改革开放初期，这种技术没有被广大编写者延用。在当代，这种技术重新走进编写者的视野，并在结合学科基本内容的过程中走向系统化、文学化和精细化，以文段、语句或词语等方式选择体现其价值观的话语，并使之合理地融入学科教科书（如道德与法治科目）。

改革开放之后，编写者日渐认识到我国各地区社会经济存在较大差异，也具有明显差异化的教育教学诉求。于是，学情分类取舍技术应运而生。自 1983 年以来，人民教育出版社针对不同类别学校的学生水平，陆续编写了数学、物理、化学和生物的甲种本（较高要求）和乙种本（基本要求）。以生物学科为例，在1982 年高中生物教科书的基础上，甲种本在编排体系和基本内容方面保持不变，而乙种本删减了一些不太重要的知识点或初中已学的内容。[①] 在某种意义上，这次编写实验奠定了未来"一纲多本"和"一标多本"的政策实施技术基础。

（四）当代教科书内容选择技术

2001 年 6 月，教育部印发《基础教育课程改革纲要》并提出：国家课程标准是教材编写、教学、评估和考试命题的依据……应体现国家对不同阶段的学生在知识与技能、过程与方法、情感态度与价值观等方面的基本要求，规定各门课程的性质、目标、内容框架。[②] 之后，小学阶段各科课程标准都采取学段模式，细致地划分不同学段的课程内容，如数学分为第一学段（1～3 年级）和第二学段（4～6 年级），语文分为第一学段（1～2 年级）、第二学段（3～4 年级）和第三学段（5～6 年级）。自此，学段正式成为教科书内容选择的重要时间标尺。

---

① 李沧. 简介高中生物课本的甲种本和乙种本[J]. 课程・教材・教法，1985（4）：68－70.
② 中华人民共和国教育部. 教育部关于印发《基础教育课程改革纲要（试行）》的通知[J]. 中华人民共和国国务院公报，2002（12）：28－31.

随着新课程改革的实施，过程与方法成为教科书内容选择的重要方向。很多学科编写者在继承原有教科书"双基"的基础上，创造性地形成了学科内部扩容技术。他们在选择内容素材过程中，根据学科基本结构的全新理解，在知识与技能之外体系化地选择、补充或更新学科内容（包括思想和方法、实践或实验）。以物理学科为例，教科书编写者分科学史故事、科学思想史和科学史观等层次，逐级选择和引入教学用科学史，形成了更加全面、更加系统的物理学科内容体系。① 在技术融合视域下，我们期待学科内部扩容技术和学科联结语录技术能够融合使用，在未来形成更高水平的综合性教材。

在课程改革深入推进过程中，"中国学生发展核心素养"或"学科核心素养"深层次地触及教科书的内容选择技术问题。随着核心素养研究愈发深入和细致，课程标准参照技术必须变得更加灵敏，才能帮助编写者创作出更有质量的学科教科书。在此背景下，细化理论成为课程标准参照技术发展的学理基础，双向细目技术和多维细目技术或许将成为内容选择技术的重要发展方向。② 这样，在启动教科书研制之前，编写者应当先行设计以核心素养为指向的整体框架或双向细目表，系统地分解本学科有待培养发展的核心素养，以确保核心素养不会有结构性缺失。③

整体而言，上述技术能够在学段层面上处理教科书的内容选择，只能粗线条地处理相关问题，并不能处理学段之间的内容衔接问题，如目标的连续性不强、内容的相关性不好、教学的关联性不清、评价的一致性不够等。在现实层面上，这些衔接问题直接涉及人们对课程标准、学段划分、学生发展理念等教育问题的整体性认识。在根本的意义上，这些问题有待特定社会共识的广泛形成。历史已经表明，如果科学、生活或生产的实践与理念发生重大变革，那么教育教学理念也可能会产生重大变化，教科书编写者就会在微观层面审慎行动，或者重新启用原有技术，或者修改现有技术，或者发明新的技术，以合理地选择具体课程资源

① 胡扬洋，陈清梅，邢红军. 物理教材引入科学史的新观点[J]. 课程·教材·教法，2012（12）：29－34.

② 查尔斯·M. 瑞戈鲁斯，杨非. 细化理论：学习内容选择和排序的指南[J]. 开放教育研究，2004（2）：23－26.

③ 石鸥，张文. 学生核心素养培养呼唤基于核心素养的教科书[J]. 课程·教材·教法，2016（9）：14－19.

和教学方法，将学生逐步培养成不同时期社会所需要的成人。

二、学期选择技术

进入近代，学校教学年度会被分割为相对稳定的时间段，形成了学期教学制度。作为学期课程的具体载体，单册教科书需要选择相对完整的内容体系，才能保证学生思想体系和行为习惯的养成。在中国古代，小学学段内部没有相对明显的时间分割，在某种意义上可被视为相对完整的一个学期。这样，上述学段内容选择技术在某种意义上可被看作原生的学期教科书内容选择技术。尤其在蒙学教科书占满学段的情况下，学段系统的内容选择技术可以被直接使用或者进行修正后使用，以便系统性选择或调整学期的课程内容。

从历史发展来看，蒙学教科书越来越接受和容纳单一性质的内容。在两汉南北朝时期，蒙学教材（以《急就篇》《千字文》为代表）承担着学生识字、常识和道德等方面的任务。唐宋时期出现了以识字为主的课本（如《百家姓》《文字蒙求》等）。明清时期出现了相对专门的蒙学伦理课本（如《小儿语》《弟子规》等）和社会常识课本（如《幼学琼林》等）。广义上，每本蒙学教科书都可被看作学期系统的教学文本，都是生活经验映射技术应用于编写实践的产物。

进入近代教育，学段制度逐渐过渡到学期制度，并出现了具有过渡性质的教科书版本。在洋务运动时期，高等学堂使用的编译教科书已经具有非常丰富的学科内容，并开始用卷或章的方式对课程内容进行学期性分割。例如，谢洪赉和潘慎文合译的《代形合参》虽为一本教科书，却包含"有定式形学"（不用坐标研究图形）、"无定式形学"（平面解析几何）和"立方形学"（立体解析几何）等三卷。这段时期内，由于学科实践的快速发展和社会认可，中小学校课程的科目门类逐渐系统化、清晰化和固定化，学科知识映射技术也成为教科书内容选择的主要技术。

中华人民共和国成立后，我国教育部门开始对中小学教科书进行规整工作。在这种宏观教育政策背景下，编写者在坚持学科基本结构的前提下，更多地使用生活经验映射技术，选择战争生活和工农生活作为基本素材，选择性地沿用解放区、根据地以及部分国统区的教材内容，形成具有社会主义性质的教科书体系，以培养学生对新中国的深度认同感。在"文革"期间，编写者转而运用学科知识映射技术，选择毛主席语录作为基本素材，形成政治导向性强、编排形式单一的教科书内容，以系统性培养全体学生对领袖的尊重和热爱。

进入现代社会，尤其是改革开放后，中国的社会生活更加多样与繁荣，并要求学生形成丰富的经验与扎实的素养。学科编写者不得不努力提炼原有教材的内容精华，压缩不必要的内容，并以模块组合（如必修与选修）的方式编写教科书。在这种背景下，编写者积极地改造原有学段内容选择技术，尤其是学科知识映射技术和生活经验映射技术，形成了众多具有学科特色的主线汇集技术，如历史学科的思想汇集技术、政治学科的常识汇集技术、化学学科的技能汇集技术、地理学科的问题汇集技术等，以系统性地选择具体教学内容与素材，并反映学科实践或知能体系的内部动态关系。

在新世纪课程改革过程中，编写者积极地根据学科的处理对象、实践过程和应用场景，编写出了丰富多样的选修教材。[①] 以生物学科为例，人教社编写者积极地运用问题汇集技术，围绕与人类的生存和发展密切相关的问题，选取包括与人体健康、粮食增产、生物工程产业、环境保护密切相关的学科素材作为教科书的主体内容。[②] 在某种意义上，这些主线汇集技术不仅能够更好地指引课程内容的多元选择，促进全体学生的个性化发展，而且能够反映学科实践的多样主线，支撑所有学生的深度课程学习。

三、单元选择技术

进入近代社会后，以学科、学科制度和学科建制为中心的西方学科建设取得了诸多重大的发展，实践方式与思维方式日渐融为一体，深刻地影响着人们从事特定活动或具体任务的实践过程。[③] 为了适应学科实践并帮助学生形成学科素养，我国近代教科书编写者借鉴日本教科书的编排方式，扬弃蒙学教材和史学著作的编排体例和诠释传统，逐步形成了以"篇—章"为中观结构的单元编排模

---

① 潘洪建，曹汉斌. 关于高中选修课几个问题的探讨[J]. 课程·教材·教法，2005（7）：3 – 9.

② 赵占良. 反映现代生物科学特点 关注人类生存和发展：编写高中生物选修课教材重点思考的几个问题[J]. 课程·教材·教法，2001（7）：46 – 48.

③ 王建华. 学科、学科制度、学科建制与学科建设[J]. 江苏高教，2003（3）：54 – 56.

式。教科书各章节，自为起止，读一编可获一编之益。① 自此，"单元"逐渐成为教科书内容选择的重要时间标尺。

洋务运动期间，教育改革坚持"中体西用"作为教育实践的指导思想。在教材内容方面，文科编写者主要面向传统文化经典著作（如儒家经典、历史典籍），使用原作直取技术来获取具体的教学资源。这种技术具有保真原始文本资料的重要特征，至今仍广泛应用于我国语文、音乐、美术等教科书的单元内容选择实践上。在实践意义上，这种技术非常适用于部分学科教科书的初创阶段。在近代社会，编写者运用该种技术时，必然选取传统的经典著作创作教科书，故传统文化得以被广泛地传播与传承。

至清朝晚期，原作直取技术不断发展，形成了原作摘取技术和原作摘译技术。这两种技术在语文教科书和历史教科书中表现得最为明显。通常而言，历史记录的是过往的社会，是由政治、经济、文化等构成的整体。然而，我国史书通常采用编年体（以时间为中心，按年、月、日顺序记述史事）、纪传体（以人物活动为中心记载历史，为人物立传）或纪事本末体（以事件为中心，每事一题，为一专篇），割裂了历史的发展过程。夏曾佑在编纂《最新中国中学历史教科书》时，按章节体例"直钞三表，聊充篇幅"，按时间顺序展现各个时代的政治、经济、文化、民族和外交等的特征，让学生能够系统、动态和全面地了解历史。可见原作摘取技术的出现意味着人们对学科内部的关系形成了更为深入的认识。

清朝末期，修身科编写者经常使用纲目规范技术，先行确定教科书各个单元的主要伦理主题，然后根据单元的德目主题来选择具体内容。以陆费逵编著的《修身教科书》为例，该书提出：用德目基本主义，而某项德目，有昔贤往事可比传者，必取用之，以此来重组和传承我国传统社会共同遵守的道德伦理规范。② 在中华人民共和国成立时甚至改革开放后，人民教育出版社仍然采取这种技术，根据社会主义道德建设要求确定纲目，进行单元内容的重新选择。③ 在新

---

① 吴赟. 试析晚清教科书出版的几个主要特征[J]. 图书情报知识，2002（5）：94–96.
② 陆费逵. 新编蒙学修身教科书：初等小学堂用[M]. 上海：文明书局，1907.
③ 宋殿宽. 小学（高年级）思想品德课本第九、十一册简介[J]. 人民教育，1987（9）：37–38.

课程改革之后，道德科目开始融合其他科目（如社会、法治等），并形成了新科教科书（如道德与法治），新科教科书超越先前的德目范围，并继续用纲目规范技术筹划全新的单元内容。

自清末民初至今，语文教科书内容选择技术没有太大的突破，中学阶段多采用原作直取技术，小学阶段多采用生活经验映射技术。但是，由于近代化和现代化转型带来的社会动荡，随着政治背景和改革主题的变化，语文科编写者在原有单元内容选择技术的基础上，仍然不断地创造出新的主线式单元内容选择技术。中华人民共和国成立后，在中学语文教科书方面，原作直取技术细化出多种主线—原作直取技术，逐步形成了文体导向、思潮导向和主题导向的单元内容选择路线。从实际效果来看，这些技术不仅适用于特定学科的课程与教学目标，也适用于特定时期的社会背景和诉求。

进入 21 世纪，由于教育教学任务和学科实践理解的深化，各科教科书逐渐超越传统的"知识—技能"模式，大多根据主题单元学习的模式进行内容选择，积极地吸纳并融合过程与方法、情感态度与价值观两条主线。在这种背景下，编写者开始深度整合和精细创新单元内容选择技术，趋于均衡地获取真实学科实践经验，趋于均衡地唤醒学生对真、善、美的追求，以求真正地发展学生的核心素养。例如，理科类教材编写者仍然坚持自然科学面向自然事物并讲求实证精神的传统特征，采取下沉式应用学段层次上的内容选择技术，将学科知识映射技术与"章—节"组织形态应用到自然科学的过程与方法等内容上。

在新课程改革过程中，综合实践活动得到了诸多教育学者的关注。这类活动是基于学生的直接经验和体现知识综合运用的课程形态，对学生素质的综合发展具有重要的作用。教师在设计与实施综合实践活动过程中，需要虚化（而非弱化）教科书内容选择技术，活用内容选择、内容组织和内容表达等方面的技术。

四、课节选择技术

清朝末期，课节便已成为多数教科书体例结构的基本单位。作为学生阅读的直接对象，课节内容的质量根本地决定着整本教科书的成败。洋务运动时期，编写者在进行课节内容选择的过程中，经常使用学段层次或单元层次的内容选择技术，并将之覆盖到教科书的课文、作业和图像等系统组成部分。清末至今，中小学段的学科知识体系越来越完善和系统化。编写者在课节层次的学段应用或学期内容选择的过程中，越来越需要细致地处置微观和动态的素材来源，并由此演化出更具针对性和多样化的课节内容选择技术。整体而言，课节选择大致存在四种基本的发展路径。

第一，随着编写者对学科素养的理解逐渐深化，学科知识映射技术逐渐扩展至整个学科实践体系，包括操作技能映射技术、实践程序映射技术和学科思维映射技术等。以植物学的"光合作用"实验为例，1906年《普通教育植物学教科书》仅仅描述操作技能和实验现象。① 1921年《新制植物学教本》则分五个部分描述操作技能、实验现象和学科结论。② 1937年《新课程标准世界中学教本初中新植物学》则设计三个实验，并分成"目的""材料"和"作业"等部分进行阐述，同时要求学生自行分析实验结果。③ 可见，内容选择技术越来越面向真实、全面的学科生产过程，越来越贴合当代学科教学的基本理念。

第二，随着学科内容应用场景的逐渐拓宽，生活经验映射技术愈发广泛地应用于课节层面的内容选择，并趋于精细化、儿童化和学科化。就数学学科而言，它具有相对抽象的知识体系和研究对象，需要采用日常场景映射技术选择教学素材，以更好地贴合学生的日常经验和思维起点。在新课程改革过程中，小学数学教材形成了生活情境、数学情境和其他学科情境等具体映射对象，扩展性地创设知识发生与技能运用的数学情境。④ 就自然与社会学科而言，它们具有相对直观的知识能力体系和研究对象，可以更多地运用学科生活映射技术，如选择科学家的故事、学科趣闻等作为课节内容素材，帮助学生深化对学科实践的认识。当然，之所以会出现这些新的技术，根本上是因为人们对学科的实践过程与发展机制形成了更深入、更全面的理解。

第三，随着生活样态和活动方式的多样化，活动形态映射技术日渐丰富并渗透至各类科目教科书的课节内容选择过程。以道德类教科书为例，清末修身教科

① 滋彭树. 普通教育植物学教科书［M］. 上海：普及书局，1906：89.
② 吴家煦，彭世芳. 新制植物学教本［M］. 上海：中华书局，1921：113－115.
③ 李泳章. 新课程标准世界中学教本初中新植物学：上册［M］. 上海：世界书局，1937：125－127.
④ 李卓，于波. 小学数学教材中情境的类型及作用与原则［J］. 数学教育学报，2012（3）：72－74.

书存在重知轻行的局限，几乎未设置学生能够参与的实践活动。① 20 世纪 80 年代的小学《思想品德》教材包含通信、对话和讨论等活动。② 当代道德类教材则包括调查采访、讨论辩论、合作、操作实践、问答记录等活动形态。③ 可见，人类社会的多样活动方式愈发广泛地存在于各门教科书中，用以培养学生未来发展必备的基本素养。

第四，在课节层面，价值判断筛选技术转化为价值维度解析技术和修饰词语替代技术，得以继续应用于教科书的编写实践中。以语文学科为例，《背影》在民国时期被选入作为亲子之爱教化和语文体的范本，在中华人民共和国成立初期又因"不能完成思想教育任务"被退出教材，在改革开放后重新被选作经典散文，这就是价值维度解析技术应用于课文整体的最好例证。④ 在实际编写过程中，编写者可以对语文教科书中作品原有的文段、语句、词语进行修饰、替换和删除等操作，调整其中价值观的具体内涵，以适应社会文化生活和话语表达方式的变迁。⑤

五、选择技术小结

学校教育是有目的、有组织和有计划的教育活动，必须对课程内容进行全面而系统的前置设计。根据拉尔夫·泰勒原理，课程与教学目标的确定支配着课程内容的选择、组织和评价。在我国的教育改革实践中，课程与教学目标受到国家政策的制约。内容选择是第一环节，决定着课程设计的最终质量，也是教科书编写者需要重点关注的步骤。由此可见，在我国中小学教科书的编写实践中，内容选择技术占据着非常重要的地位。

从历史发展的进程来看，内容选择技术在社会稳定时期进行不断的分化和精细化，在社会变革时期则进行不断的重组和整合。在古代，内容选择技术不分层

---

① 王世光. 清末修身教科书刍议[J]. 河北师范大学学报（教育科学版），2016（3）：27－33.

② 宋殿宽，王玲，贺允清，等. 小学思想品德教材简介[J]. 课程·教材·教法，1989（12）：3－4.

③ 黄向阳. 德育原理[M]. 上海：华东师范大学出版社，2000：130－145.

④ 李斌辉.《背影》作为课文的教学史研究[J]. 课程·教材·教法，2016（5）：101－109.

⑤ 朱泳. 语文教科书课文语言的加工修改[J]. 课程·教材·教法，1999（8）：20－24.

次，直接应用于整本教材。到近代，学期、单元和课节等教材结构的出现，对学段内容选择技术提出了适应性改进的要求。在借鉴外国教科书的过程中，我国编写者逐步实现了内容选择技术的近代化，并积极地根据特定时期、特定利益组织的教育目的，创造出了多种学期和单元内容选择技术。改革开放后，随着国际交流和素质教育的逐步推进，内容选择技术在单元和课节层面取得了更为丰富的成就。

整体而言，学科知识映射技术、生活经验映射技术和价值评判筛选技术构成了近现代教科书内容选择技术的基础。随着学科素养结构的变迁，这些基本技术从最开始、最粗浅的学段层次应用，过渡到中介性、适应性的学期层次应用，最终在单元与课节层面实现了深度分化、改进和融合。尤其在课节层面上，选择技术与组织技术、表达技术进行联合，共同奠定教科书作品成型的实践基础。当然，在特定社会或特定时期，利益相关者将通过各种方式来影响教育目的的制定，以此支配教科书的教化功能定位。这样，上述内容选择技术将在不同层次上得到不同程度、不同范围的应用。

第二节　内容组织技术

在内容选择过程中，学科编写者能够运用多种多样的技术手段来获取丰富的社会生产实践、日常生活实践和学科研究实践等经验，并运用价值判断筛选技术确定教科书的核心内容组成和具体素材边界。在现实的意义上，生产世界、生活世界和科学世界都具有自身的实践逻辑，文化、知识和经验也有特定的理论逻辑。教育世界从生活世界吸收类型化思维模式，从科学世界吸收理性思维模式，按照教育对象的身心特征将其转化为课程，并按照社会世界的价值取向来确立教育目的，以保证教育的基本方向。[1] 因此，编写者一旦选定核心内容与具体素

---

① 曹正善. "教育世界" 初探[J]. 广西师范大学学报（哲学社会科学版），2007（5）：69-73.

材，便从根本上确定了教科书内容的基本组织方式。在此基础上，教科书编写者还须运用学生心理透视技术创新内容组织技术，以特定的秩序逻辑去组织选定学科内容与生活素材，逐步促进学生的思维模式与行为模式的养成，最终增加学科课程目标实现的可能性。

随着时代生活的不断发展，编写者不断重新认识教育目的、学科本质和学生心理，并在学段、学期、单元和课节等层次创新与应用内容组织技术，增强课程内容的系统性、课堂学习的整体性以及教师教学的合理性，保证学科教学目标的顺利实现。本节将分为学段、学期、单元和课节等层次，结合内容选择技术的发展历程，阐述内容组织技术的发展历程、具体内容以及应用价值等。

一、学段组织技术

在我国古代，学校教育大都没有实行班级授课制度。在这种背景下，蒙学教材没有分科、分级编写的需要，通常只是简单地汇集与分列各种经验，并由此形成初步的合科编写技术。以现存较早的《急就篇》而言，该书开篇直言："急就奇觚与众异，罗列诸物与名姓字，分别部居不杂厕，用日约少诚快意"，将"姓氏名字""器服百物"和"文学法理"按顺序编入其中。直到宋明时期，蒙学教材开始出现比较明显的内容分化，包括伦理课本（如《小儿语》）、常识课本（如《幼学琼林》）、诗词课本（如《千家诗》）。在某种意义上，这些课本建立了分科编写技术的雏形，为近代教科书学期内容组织技术的形成奠定了基础。

进入近代，我国编写者积极借鉴西方教科书的内容组织技术，形成了比较系统、细致和动态的学段和科目组织技术。随着我国基础教育学制的规范化，编写者与时俱进，形成了愈发严密的学制配套技术。癸卯学制后，清代初步建立初小、高小和中学等学段；壬戌学制发布后，民国将学段划分为初小、高小、初中和高中；中华人民共和国成立后，基础教育学制发生多次变化，但基本遵循《关于改革学制的决定》中的小学、初中和高中等学段划分。[①] 学制配套技术虽然具有较强的制度依附性，但由于课程标准（或教学大纲）的中介与约束作用，并

---

① 唐关雄，王廷泉. 建国以来中小学学制改革的历史回顾[J]. 教育研究，1987（11）：21－25.

不会给所有学生心理带来较强的强迫感。

在学段组织技术方面，清末民初出版社积极适应基础教育普及的需要与条件，运用复式年级组织技术编写了具有中国特色的单级学科教科书。以中华书局出版的《单级国文教科书》为例，其编辑大意为：本书照新学制秋季始业，分三学期编辑，每学期一册，全书十二册，供单级国民学校国文科四年之用。本书一、二、三与四、五、六册，同教材异程度，以便一、二学年分别使用，仍可以同时教授。后六册分甲、乙编，各为七、八、九册，同程度异教材，以便三、四学年合班教授。将甲、乙二编隔年交互使用。① 改革开放后，河北等省教研机构积极地运用该种技术，编写了多个学科的复式教科书，以适应农村和山区的复式教学实验要求。②

在科目组织方面，清末编写者不仅积极接收西方理科教材的分类方式（如生物学分为生理卫生、植物学、动物学、农业等），③ 还增设了修身教科书和女子教科书等，初步建立了中国特色的科目成套组织技术。民国初期，中央政府积极地规整基础教育制度，形成了相对完善的教科书科目组织体系。以数学为例，五年制小学教材以整套"算术"（或笔算）为主，辅以"珠算"模块；中学整套教材则包含"代数""平面几何""立体几何""三角"等册。进入抗战中期，部分学科进行合并，如小学"社会""自然""卫生"三科合并为"常识"，编写者继续运用这种技术进行教科书内容组织，以适应战时教学物资紧缺的状况。但是，这种合编组织技术应用于小学和中学阶段的效果存在一定程度的差异。

五四运动前后，选修课程成为中学课程改革的重要方向。在这种背景下，少数中学教师探索运用模块成册组织技术，自编了选修科目的教材。④ 20世纪90年代，人民教育出版社开始尝试运用这种技术编制高中选修教材，如选修教材

---

① 范源廉，沈颐. 新制单级国文教科书：国民学校第三四学年第三学期合用[M]. 上海：中华书局，1914.

② 郭恩. 我国复式小学课程教材改革迈出新步伐：谈河北省复式小学课程教材改革及数学教材[J]. 课程·教材·教法，1995（3）：17–20.

③ 李增娇，陆建身. 中西文化交融之下的清末中学生物学教材[J]. 生物学通报，2014（11）：58–62.

④ 张心科，戴元枝. 清末民国中学选修课程兴亡的过程及原因[J]. 集美大学学报，2012（2）：83–87.

《文言文选读》共两册，分别供高一、高二与高三年级选用。① 自此，这种技术不断地扩展应用范围，逐步拓展至高中学段各学科的选修教材编写实践，并在21世纪覆盖到高中所有学期层面的教科书编写实践，体现出学科体系的结构性特征和学生发展的个性化诉求。在这过程中，科目成套技术与模块成册技术逐渐相互交叉、融合。

自清朝末期以来，随着政治经济和教育教学改革的发展，如何在学段系统内合理地组织科目内容，如何在学段层次上有效地融合组织科目间的内容，成为教科书编写者孜孜以求的主题。在科目内容组织方面，编写者根据学科性质和教学方式深挖科目成套技术的内部元素，形成了齐头并进、逻辑递进和主次并列等技术，以求更加深度地融合单一学科的内容要素，帮助学生深刻地掌握学科知识和学科实践的基本逻辑。

齐头并进技术是指学科编写者选定科目内含的多条基本主线，在整套教科书所有部分并列式地呈现与主线相关的内容或素材。该技术在教科书的三种编排体例层面均有表现：（1）分册并列组织技术，即每册教科书都重复出现编写者确定的基本主线，如何明斋等人编写的《新学制音乐教科书》（四册）均包括"歌曲""读唱练习"和"说明"三个部分。值得注意的是，在文白论争过程中，沈星 创造性运用分册排列组织技术编写了《初级古文读本》（全三册）和《初级国语读本》（全三册），供初级中学学习语文之用。② （2）单元并列组织技术，如范祥善等编写的《新学制国语教科书》（初级中学用，1923年），采用了单元相间的文白混编形式；夏丏尊与叶圣陶合编的《国文百八课》则是在单元内部将文话、文选、文法或修辞、习问编为一个单元。（3）段落并列组织技术，如在历史教科书中，由于历史学科内容的特殊性，教科书所有课文通常用不同文段来展示特定时代、社会或国家的政治、经济、文化和生活等方面的内容。

逻辑递进技术是指编写者按照学科自身的逻辑特征，按照从简单到复杂、从具体到抽象、从通俗到严谨的顺序组织学段内容。通常而言，数学、物理和化学

---

① 温立三. 高中语文选修课程教材改革的历史及当前存在的问题［J］. 语文建设，2006（11）：12－15.

② 赵新华. 20世纪20年代中学国文教育领域的文、白论争［J］. 新疆社科论坛，2017（1）：102－106，111.

等自然学科的主体内容具有很强的逻辑结构，因此理科类教科书（尤其是高中学段）更多地采用逻辑递进技术进行内容素材的学段组织。当然，随着自然科学体系和范式的变革，理科教材的具体递进序列可能发生变化。以高中物理为例，中华人民共和国成立前教科书主要以"力学—热学—声学—光学—磁学—电学"作为主要结构，改革开放后教科书形成了"力学—热学—电磁学—光学—原子物理学"的稳定体系。① 此外，少数文科教材也可用此种技术进行编写，如民国时期樊炳清编写的《修身要义》（1916 版）。

主次并列技术是指在学科体系所有的多条主线中，编写者选定其中一条主线作为核心主线，将其他主线作为附属主线，在整个学段全面展示核心主线的基本内容，在局部学段展示附属主线的相关内容。以人民教育出版社出版的劳动技术系列教材（初中用，1993 年版）为例，编写者选择全国通用的技术点作为第一主线，选择地方特色的技术点作为第二主线。② 这种技术应用的主要任务是在保证课程内容普适性的条件下，努力照顾地方现实条件的差异性。

在科目融合组织方面，编写者立足于科目融合的性质和教育理念等，不断地扩展和改造科目成套技术，形成了"三叉戟"和"晾衣架"等技术，以努力消除不同学科的内容壁垒与性质壁垒。在某种意义上，"三叉戟"技术可看作齐头并进技术的改良版。在编写综合教材实践中，编写者意识到综合教科书难以系统地呈现多种科目知识及其关系，很容易成为科目内容的"拼盘"，于是退而求其次，选择其中一个科目作为主导内容，并在所有学期系统地嵌入其他学科内容。以史地综合教科书为例，它的知识体系能以历史为主导，能以地理为主导，甚至能以社会学为主导，将其他相关知识整合为一体。③

"晾衣架"技术是指编写者立足于特定科目的内容体系，根据该科目的学科性质和实际情况，在学段内部（不同学期或不同单元）合理地"外挂"其他相关领域（或科目），以此实现课程内容的统合或融合。1996 年艺术学科被列为必

---

① 陈雪梅. 20 世纪 80 年代以来我国高中物理教科书的演变与革新[D]. 浙江师范大学，2005：19.

② 鲍珑. 劳动技术课教材编写原则、方法和教材特点[J]. 课程·教材·教法，1995（6）：7–12.

③ 王世光. 知识体系的追寻：综合文科教科书史地综合问题初探[J]. 课程·教材·教法，2011（4）：46–51.

修课，人民教育出版社适时地编写了艺术欣赏系列教材。在结构上，其中的《音乐》教材以"音乐与姊妹艺术的结合"为核心，在音乐与诗歌、戏剧、舞蹈、电影电视、绘画等艺术门类之间建立通道，着重介绍了相关艺术门类紧密关联的音乐作品。① 在某种意义上，"晾衣架"技术可看作主次并列技术的蜕变。

在学段系统内，编写者还必须关注各个学科学习间相互影响的协调问题：小学阶段，语文学习对其他科目具有较大的影响；中学阶段，数学学习对其他科目具有较强的影响。在这方面，语文或数学教材编写者一方面需要理解其他学科的课程标准要求和教材具体内容，弄清本科教材内容设计的经验基础，另一方面要依据本门学科的课程标准并创造教材内容，积极做好其他学科知识的学习准备。以小学为例，2011 年版语文课程标准要求五、六年级学生具备有条理地表达的能力，信息技术教材在展开"文字加工与表达"的内容时，则应充分考虑学生分段表述能力养成的基础和诉求。② 在实践意义上，这类问题将更多地借助学期和单元层面的内容表达技术进行解决。

整体而言，在基础教育阶段，各个学段组织技术具有相对明显的差异性，各个学科都具有自身的组织技术特色，以使学生能够更好地掌握不同学科的知识。在学段层面上，编写者通常会遵循"螺旋式课程编排"思想，在系列教科书中逐步地展开学科相关内容，在不断的结构优化、思维深化和素材分化过程中，帮助学生系统地发展基本素养。在根本意义上，学段系统的内容组织技术受制于社会诉求、学科范式和儿童个体。编写者若要创新教科书的学段内容组织技术，还需要深入参与和理解社会生活与学科实践，需要深入认识学生的心理发展和经验基础。

二、学期组织技术

如前所述，我国古代教材既可被看作供学段使用（即科目成套技术雏形的应用），也可被视为供学期使用（即模块成册技术雏形的应用）。在学期的意义上，

---

① 杜永寿. 高中音乐欣赏课教材内容设计的几点体会：兼谈人教版新编高中音乐教科书的编写特点[J]. 课程·教材·教法，1998（10）：23–26.

② 郭芳，慈黎利. 小学信息技术教材知识体系的构建[J]. 课程·教材·教法，2008（4）：76–81.

我国古代教科书（如《急就章》）的内容组织多采用直线排列技术，即编写者将选定内容进行简单的类别划分，然后按照特定的顺序逐一呈现各类内容与素材。在某种意义上，这种教材是"直线式课程组织"的最初级形态。

洋务运动发生后，我国基础教育逐渐形成明确的学段制度与学期制度，近代意义上的教科书伴之而生。在初期阶段，学期教科书的内容组织实践可以直接或者变通地运用学段内容组织技术。然而，学段并非学期的简单重复或相加，学期教学具有明确的学生素养发展指向。在教科书编写实践过程中，编写者不断地发现学科内容的特点及内部关系，不断地应用和改进模块成册技术和科目成套技术，并创造出了新的学期内容组织技术，以更高质量地培养学生的学科基本素养。下文尝试梳理近现代中国基础教育（尤其中学阶段）各学科的学期内容组织技术，以求展示其存在的基本形态。

就分科教材而言，科目内容组织技术仍然适用于学期层面，并演化、形成了更有针对性和学科性的内容组织技术。

第一，性质递进技术。就化学、生物和物理等科目而言，它们具有比较明确且稳定的内容，其研究分支具有相对清晰的内容边界和相互关系。这些科目教科书通常按学科分支划分和学期组织，根据学科内容的性质递进关系组织学期选定的基本素材。以化学为例，元素周期表是化学元素基本结构的规律性体现，每族元素都有共同的结构—功能关系，因此学期教科书（无机物部分）通常按周期表的次序把各族的主要物质与理论结合起来，以此来组织内容。[①]

第二，要素递进技术。就数学而言，它的学科分支具有相对稳定的内容，并且其分支内容具有比较清晰的螺旋式递进关系。因此，数学教科书更多地通过要素递进的方式，通过数学符号或数学原理的传递来展现学科逻辑。以人民教育出版社出版的《几何》教科书为例，教材采用"比例—比例线段—相似三角形—相似多边形"这样一个由浅入深的模式，减缓坡度，分散难点，逐步展开教材内容。[②] 这样，教材将"比"这一元素从数字迁移至线段，借助"比例线段"经过

---

① 武永兴. 谈谈中学化学教材中的几个问题[J]. 课程·教材·教法，1983（4）：12 - 16.

② 鲍珑. 降低难度，突出重点，加强数学思想方法训练：初中《几何》第二册简介[J]. 课程·教材·教法，1985（2）：71 - 73.

三角形延展至多边形，较好地体现了代数与几何要素的递进迁移。

第三，时间递进技术。该技术通常适用于历史教科书，在我国古代历史教材有两种具体表现技术：编年体技术（即按时间顺序，依次记述史事）和纪事体技术（按人物出现的先后顺序，依次记述事实）。在某种意义上，事件是依时间展开的活动连续体，故纪事体技术属于时间递进技术。在清末，丁宝书编写的《蒙学中国历史教科书》粗浅地融合了这两种技术，通过中国历史上的重大事件，建立历史内容核心节点，然后通过附着、关联、串联相关事物，分编综论，因事设题，既分门别类，又综合贯通，体现了中国历史的过程性、动态性和衔接性。①

在文科类和艺体类学科方面，相关分科课程至今已经形成了相对稳定的内容组成体系，且各部分具有相对独立且相对稳定的内部主线。这些教科书经常采用界域排列技术进行学期内容编排。改革开放后人教版《义务教育教科书 地理七年级下册》（2012 年版）教材通常运用地理区域排列技术，将世界按自然、人文等综合特点划分为 13 个地区，然后在每个地区中再选讲一两个国家。② 教材也可按生活领域（或情境场域）与活动领域进行学期内容的组织。例如，人教版《义务教育教科书 品德与社会 三年级上册》（2003 年版）将社会生活划分为"日常生活""学习生活""义务生活"与"责任生活"等领域，并按"家庭、学校和社区""我在学习中长大""我和规则交朋友""我的角色与责任"等相关内容排列。③

在科目融合教科书方面，文科类编写者通常倾向于运用齐头并进技术以支持学生多元素养得到发展，运用迁移学科间融合的相关技术以实现课程多元内容的统整，并形成了具有时代特色的内容组织技术。以语文学科为例，它通常承载着语言文字、意识形态和传统文化等方面的教育功能，因而可归入科目融合教科书的类别。基于此，我国语文学科编写者常常面向整体社会生活进行选文，根据社

---

① 马执斌. 丁宝书及其《蒙学中国历史教科书》[J]. 江南大学学报（人文社会科学版），2014（4）：118 – 126.

② 高俊昌. 试论近十几年来我国中学地理教材的改革[J]. 课程·教材·教法，2003（5）：55 – 58.

③ 课程教材研究所，综合文科课程教材研究开发中心. 品德与社会：三年级上册[M]. 北京：人民教育出版社，2009.

会形势和教育目标调整教科书内容的主线及构成类别，进而逐类排列全部单元的选文素材。清末民初，语文教科书遵循"保守与开化并存，中华传统文化根基的因袭与西方社会进步思想的接纳"原则，并遵循学生的心理发展规律，运用文化排列技术组织所选择的素材。① 五四运动后，语文教科书使用社会问题排列技术或文体排列技术组织相关内容，如郑次川于 1924 年编写的高级中学读本《近人白话文选》（上册）分评论、演讲、序传、记述、书信、小说、短剧、诗歌等类别。② 21 世纪以来，语文教科书以主题排列技术来组织教学素材，如人教版《语文》（试验本，高中第三册）的文学鉴赏部分分为中外小说、唐代诗歌、议论散文、科普文章等，写作部分主要进行议论性文体训练，口语交际部分进行讨论与辩论的训练。③ 在某种意义上，这种主题排列技术更像是"三叉戟"技术与文体排列技术的综合。

在科目融合方面，理科类教材编写者遭遇更大的挑战。通常而言，物理、化学、生物具有不同的研究对象和学科思维，因而具有非常严肃的内容界限。理科综合教科书如果选择"三叉戟"技术，选择其中一科作为主导，将有可能丧失其他科目的独特思维方式。为了跳出这种局限，编写者尝试挖掘相关学科共有的核心要素作为新的主线，并运用要素递进技术组织学期教科书内容，如浙教版《义务教育教科书　科学》每册教科书都选择一个学科知识内容和一个学科探究能力作为双重主线，依次排列相关要素内容，如八年级上册围绕"相互作用"概念先后排列了"生活中的水""地球的外衣——大气""生命活动的调节""电路探秘"等主题知识，并设计了"推理技能""假设的检验""数据的形式""简单的变量控制""解释数据""实验设计""交流与合作的技能"等探究内容模块。④

随着课程教学改革的推进和学科本质认识的深化，教科书学期组织技术表现

---

① 靳彤. 论清末民初国文国语教科书对课程知识的建构[J]. 四川师范大学学报（社会科学版），2016（2）：75 – 81.

② 蔡可. 民国时期语文教科书单元编排体例与文学教育的形态[J]. 教育理论与实践，2013（16）.

③ 刘真福. 人教版高中语文课本第三册修订说明[J]. 学科教育，2001（6）：7 – 11.

④ 方红峰. 浙教版《科学》（7～9 年级）教科书的结构设计分析[J]. 基础教育课程，2006（3）：36 – 38.

出越来越强的综合性和学科性。在教科书内容主线的约束下，教科书编写者需要学会运用"晾衣架"技术组织学期内部的多维课程元素，还需要学会运用要素递进技术不断地复现先前出现的具体内容要素，以帮助学生熟练地适应各种知识运用情境。

整体而言，为了满足学生身心发展的阶段性要求，教科书需要积极地实现学期课程内容的内部统一性。这种内部统一性可能存在多条内容主线，包括学科内容的实质关系和逻辑关系、学生认识的经验基础和发展规律、特定社会的生活形态和价值诉求等。随着社会诉求和教育理念的发展，编写者越来越需要全面地理解学科课程内容的多维关系，进而综合设计和有效管理先前选定的课程资源。这样，他们才能合理地运用学期内容组织技术，直观地表现出学科内容的整体面貌，深刻地体现出学科内容的逻辑关系，从而促进学生学习活动的顺利发展，和认知结构的深度发展。

三、单元组织技术

民国中后期，教科书编写逐渐形成了"单元"思想。① 这一架构的出现意味着编写者更加主动地吸取心理学研究的前沿成果，同时承认单元组织具有的重要功能，以便能够帮助学生更为深刻和系统地养成基本素养。随着学科理解和社会诉求的变化，编写者创造出了多种多样的单元内容组织技术。下文将从内容主线和页面形态两种角度梳理单元组织技术。

单元内容要服从于学期层面上的学生发展目标，因而必然内含着学期层面上的内容主线。由于不同科目的主线数量和性质存在差异，教科书单元主线组元技术具体存在多种多样的表现形态。古代蒙学教科书通常仅具有单一主线（如识字或伦理），在广义上可被视为单线组元技术的实践作品。在近现代教育发展史中，编写者大多根据学科教育目标或学生发展素养的基本维度，采用双线组元技术制作教科书产品，如理科类教科书通常以知识与技能作为主线，文科类教科书可能

---

① 杨静. 中国近代教科书编写思想演变史研究（1897—1949）［D］. 沈阳师范大学，2016.

以知识与技能为主线，或以价值与技能为主线，或以文体和技能、讲读和自读①为主线，艺体类教材通常以活动与技能或知识与技能为主线。在近现代教育进程中，甚至有编写者探索和改良双线组元技术。例如，叶圣陶和夏丏尊在编写《国文百八课》的过程中，将"知识与技能"组元细分为文话、文选、文法与修辞、习问等四个方面。

进入 21 世纪，学校教育越来越重视学生素养发展的质量。以 2011 版课程标准的"目标与内容"部分为例，多数学科都立足于传统的知识和技能维度，增加过程与方法、情感态度和价值观等维度，进而转向更为深度的"学科核心素养"。在这种背景下，越来越多的编写者尝试重组双线组元技术或者创新为多线组元技术，建构"主题单元"组织模式。以人教版初中《义务教育教科书　语文》为例，每个单元既有主题主线，又有要素主线（包括语文知识和语文能力、学习策略和学习习惯，以及写作和口语训练等），以支持学生人文素养与语文素养的双重提升。②

在学科教科书中，单元主线是由具体学科要素来体现的。就特定主线而言，在不同时代、不同学段和不同学科，甚至不同单元，编写者大都会积极地调用逻辑递进技术（如要素递进技术和要素排列技术），来完成教材单元的内容组织工作。通常地讲，在入门单元，21 世纪前的教科书内容大多采取要素排列方式，以便合理呈现性质迥异的学科基础知识。例如，1963 年出版的人教版《义务教育教科书　化学》第一单元"物质和物质的变化 分子和原子"包括"物质的变化""物质的性质""分子""混合物和纯净物质""分解反应和化合反应""原子""原子 – 分子论""单质和化合物""元素""元素符号"和"分子式 分子量"等不同性质的内容。③

在入门单元结束后，编写者通常会应用和改造要素递进技术来进行单元内容的具体组织。在直观形态上，同一单元各课节内容更多地采取要素复现技术，借

———————————

①　陈国雄. 承前启后，循序渐进：谈小学中年级语文教材 [J]. 课程·教材·教法，1983（4）：39 – 41.

②　杨伟. 论统编本初中语文教材阅读教学之新变 [J]. 课程·教材·教法，2018（3）：74 – 80.

③　人民教育出版社化学编辑室. 初级中学课本化学：新疆 [M]. 北京：人民教育出版社，1963.

助学科语言实现具体要素的合理递进。例如,以人教版初中《义务教育教科书 英语》为例,每个单元都围绕特定的语言结构进行组织,在对话、阅读、语言训 练和交际活动等四个课时中,不断地复现关键性语言结构,帮助学生不断地复 习、理解和掌握特定语言结构素养,即从知晓、理解走向应用,从简单地使用走 向灵活地运用。①

在现实意义上,纸质教科书需要通过页面编辑来完成。如何线性化排列特定 单元所选定的具体内容,将成为编写者必须考虑的一个问题。从学期系统来看, 单元内容排列包括基生、簇生、对生、互生和轮生等形态。所谓基生技术是指学 期教科书只有一个单元,因而可以有序或无序地对相关内容进行排列。在某种意 义上,古代社会的少数蒙学教材(如《百家姓》)可被看作基生技术的典型应 用。所谓簇生技术是指单元具体内容之间没有明确的关系,可用无序的方式进行 排列(通常适用于入门单元),可被视为基生技术的缩微应用。由于这些技术无 法帮助学生养成系统性的思维和知识,所以,编写者很少运用基生与簇生技术来 编写整部学科教科书。

所谓对生技术是指在特定单元内,各个课节同时呈现学期课程的双元主线要 素。在21世纪前,数学教材编写者通常运用对生技术编写课文内容和组织单元 内容要素。以人教版初中《义务教育教科书 代数》(1994年版)为例,每篇课 文都包括学科知识与技能练习(以例题方式呈现)两个组成部分,以此帮助学 生理解和掌握课节内容。所谓轮生技术可算作对生技术的演进版,即在特定单元 内,各个课节同时呈现三个或三个以上类型的课程内容要素。进入21世纪,这 种技术成为中小学教材单元内容组织技术的主流。例如,人教版《义务教育教科 书 数学》教材使用轮生技术,编写出包括情境导入、知识生产和技能训练等部 分的系列课文。

所谓互生技术是指在单元内部,各个课节具有不同性质的具体要素,以交叉 递进的组合方式来整体呈现单元内容。互生技术应用实践的典型作品是开明书店 出版的《国文百八课》,该书的单元结构包括文话、文选、文法或修辞、习问四

---

① 刘道义. 与时俱进的初中英语教材:修订后的 JEFC[J]. 课程·教材·教法,2001 (11):20-24.

项，从横向来看，各个单元循环往复地呈现此种结构，从纵向来看，每项内容都有一定的系统性，并构成一个完整严密的内容结构体系。[①]

在近现代中国的教育发展进程中，虽然社会发展形势和学科教学理念不断地变化，但学科单元选择的主线要素却表现出明显的稳定性。可以说，上述单元内容组织技术大都已经过实践检验，并合理地汇集到当代的教科书编写实践中。进入 21 世纪，核心素养体系（或学科核心素养）逐渐进入学科课程标准，并成为教科书编写的重要依据。建构中国话语体系逐渐成为时代的主流诉求，并成为教科书创作的重要方向。在此背景下，各门学科编写者都在单元层面尝试增加课程内容主线，拓宽学科具体要素，改善内容排列方式，以构筑学科核心素养教育的有效物质载体。

四、课节组织技术

在当代教科书中，课节编排体例可分为正文、图像、作业和辅助等系统。从历史发展来看，古代蒙学教材只有一个比较稳定的体例结构——正文系统；近代中国，教科书的稳定结构包括正文系统和作业系统；进入现代社会，教科书逐渐形成了包括正文系统、作业系统、图像系统和辅助系统等结构在内的编排体例。可见，正文系统是教科书的核心构件，是其他系统依附存在的基础。

在不同时期和不同学科中，正文系统可能包含性质迥异、形态多样的内容素材。从历史发展的角度来看，编写者始终积极地吸收学科实践和学生发展的先进理念，创造出丰富的正文要素组织技术，以更好地呈现正文素材或要素的内部关系，积极适应学生认识的发展状态。在清朝末期，商务印书馆所编教科书的正文大多运用冰山架构技术，将学科知识直接呈现在书本页面，将学科技能隐藏在学科知识之内。

从民国时期开始，部分理科类教科书开始区分学科知识与学科技能，并采取知能分离技术来组织正文内容。其中最简单的方式是实验活动技术，即利用单篇正文完整地呈现学科实践活动的程序，但不会或少量陈述学科知识，让学生自主

---

① 田小琳. 叶圣陶语文教材建设的思想和实践[J]. 课程·教材·教法，1983（3）：11 – 15.

发现相关学科原理。这种技术主要运用在民国时期的学科实验或者现代教科书配套的实验手册。除此以外，理科教科书的正文通常采取两类典型的知能分离技术来区分并建构知识与技能的合理联系。其一，实验验证技术，即先行陈述学科知识内容，然后说明学科实验过程，并用实验结果验证知识结论。其二，实验导出技术，即先行呈现内含操作程序与技能的实验活动，然后呈现必要的学科知识结论。整体而言，这两种正文组织技术在理科教科书编写实践中的应用延续到 20 世纪末。

自清末至 20 世纪末，文科类和艺体类教科书的正文组织技术并没有太大的整体性改变。文科类教科书编写者通常依据学科或学段内容主线及其组织技术，根据课节的主题范围和学科的思维逻辑，采用主线罗列技术组织正文内容。例如，中华书局出版的《中华中学历史教科书·西洋史》（1915 年版）各节均遵循时间递进来阐述课节主题内容。① 艺体类教科书通常采用动作分解、作品誊录或规则罗列等技术来组织具体的正文内容。进入 21 世纪，除小学低中学段外，这两类教科书的正文组织技术并没有发生太大的实质性变化。

进入 21 世纪，课程目标的维度发生扩张，在知识与技能维度的基础上增加了过程与方法、情感态度与价值观等维度。在此背景下，各门教科书编写者都在原有课程基本理念和正文组织技术的基础上，积极探索新型的正文内容组织技术，以实现学生素养的深度综合发展。由于自然科学的学科基本结构比较清晰，且相关科目的编写历史经验比较丰厚，所以理科类编写者开始探索情境问题探究技术，即设置学科问题情境，引导学生进行认知加工或填充经验，进而生成学科知识结论，进行课节内容的有效组织。与此类似，道德类教科书编写者强调情境体验探究技术的应用，即设置生活问题情境，引导学生外化经验或表达意见，进而完成道德经验的升华。

与 20 世纪相比，21 世纪的文科类教科书正文组织技术出现新的趋势。在课程基本理念的影响下，学科技能成为相关科目课程的稳定内容要素，与学科知识形成并立的状态。在教科书编写实践中，学科技能逐渐从正文中有序地独立出来，更多地以显性活动或栏目的方式存在，以此增加过程与方法、情感态度与价

① 张相编译. 中华中学历史教科书：西洋史[M]. 上海：世界书局，1915.

值观等维度目标实现的可能。值得注意的是，鉴于小学低中学段学生的身心发展状态，对应年级的文科教材应更多地使用情境探究技术，以全方位打通知识与技能、理论与实践、学科和学生的原有壁垒。

五、组织技术小结

从清末民初到中华人民共和国成立，从中华人民共和国成立初到改革开放，再到 21 世纪，我国的社会形势和教育理念不断发生变化，深刻地影响着教科书编写的思想和实践。在这个历史过程中，教科书内容组织技术在学段、学期、单元和课时等层面上也不断地发生变化，勾连起相关课程内容素材之间的关系，不断地打造学生适应性发展的资源平台。无论时代如何变化，编写者都坚持这样一条教科书编写的信仰理念：作为学生发展的重要载体，教材需要实现文字、图像和作业系统的有机结合，在恰当表达一定知识容量的同时，努力通过篇幅数量的最小值，实现文字、图像和作业密切结合的最优值，以及整体功能的最大值。①

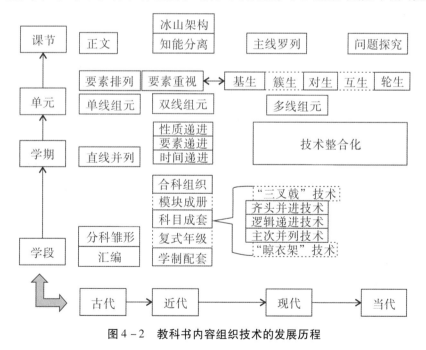

图 4 - 2　教科书内容组织技术的发展历程

---

① 李家清. 对编写高中地理新教材的认识与建议[J]. 课程·教材·教法，1996（3）：8－10.

在这个历史过程中，心理研究不断地取得突破性成果，形成了行为主义、认知主义和人本主义等思潮，最终融合形成了当前普遍流行的建构主义。在建构主义心理学成果的影响下，编写者不断地解构和重构原有学科内容，并打破原有的内容组织技术阻隔，在各个层面重塑和融合教科书的结构与要素，进而服务于实现课程内容和学习效果的最优化。在当代，教科书已经走进心理学者的研究视野，心理学界越来越直接地参与教科书的设计与编写实践。①

历史实践表明，由于社会形势、教育理念和教学现实的内在差异，编写者需要付出大量的时间和精力来选择和组织教科书单元的内容要素。即便如此，教科书仍不能完整地揭示真实事件的动态过程，不能完全地消除内容要素之间的内在矛盾。在内容组织完成后，编写者还须创造、发展和运用内容表达技术，优化素材要素整合的直观效果，才能充分地释放教科书的教育价值。

第三节　内容表达技术

教科书承载着丰富多彩的人类生活和文化世界，但是这些事物的原有形态并不见得能够直接被学生理解和掌握。编写者在完成相关内容素材的组织工作之后，还需要根据学生的经验基础和学习素养，设法去转译、重构和修饰这些原始形态的信息素材，以可感、可读的方式将之呈现在教科书页面上，使之成为学生想学、能学和乐学的对象。但是，这并非要求编写者毫无原则地进行降阶，让课程内容完全地落在学生已有经验范围之内。站在教育促进发展的立场上，教科书应当用经验的表达去实现学生经验的重构，以体验实现学生经验的提升，以他人经验与学生经验的交流互动实现学生个人经验与社会文化价值的接续，帮助学生成功地走向成人的经验结构和行动方式。② 换言之，编写者需要基于并超越学生的经验世界，将内容素材调整至学生学习的最近发展区间，切实地培养学生的身

---

① 任丹凤. 运用认知心理学开发与评价教科书[J]. 教育科学，2002（6）：27－30.
② 高德胜. "接童气"与儿童经验的生长：论小学道德与法治教材对儿童经验的处理[J]. 课程·教材·教法，2018（8）：11－20.

心素养。

　　在教科书编写历史实践中，编写者在学段、学期、单元、章节和文法等层面上形成了丰富的语言文字表达技术，并有目的地运用这些技术来降阶或升阶信息理解难度，合理地塑造和表达他们选定与组织的课程内容，以期完成特定社会时期所规定的优化学生学习实践和提升学生身心素养的任务。

一、学段表达技术

　　在学段意义上，蒙学教材可被看作供小学学生使用的课程材料。唐代以前，蒙学教材主要使用韵语表达技术，运用字句押韵的语言，呈现特定生活领域的知识，以供学生识记汉字和学习常识。唐代以后，蒙学教材大都继承了韵语表达技术，"讲究句式简短整齐，讲究押韵对仗"①。在此过程中，编写者不断地整理先前历史的经验与成就，增加了看图识字、散文故事和诗歌集等体裁，形成了包括识字教育、道德教育和知识教育的蒙学教材体系。经过长期的应用和检验，这些体裁逐渐转变为图像表达技术和故事表达技术，构成近现代小学学段教科书的常用内容表达技术：一、二年级多采用短句、儿歌、小故事或浅显的寓言；三年级以上多采用故事或典型事例，以叙述、对话、通信或夹叙夹议等形式阐明观点。②

　　进入宋代，蒙学教材逐渐引入标题表达技术，为特定类别、性质和结构的文段加上标题，提炼和形成科目特有的纲目结构，帮助学生把握学科内容的主体框架。在近现代教育发展的过程中，编写者积极参照学科基本结构和学生心理特征，打造出更具特色的学段教科书标题。例如，英语教科书编写者立足于学科的常见语法结构，创造内嵌语法结构的标题；品德教科书编写者立足于学生的日常语言习惯，创造出形象生动活泼的标题，比如将"珍惜时间"改为"时间老人的礼物"。③

---

　　① 李良品. 试论古代蒙学教材的类型、特点及教育功能[J]. 甘肃社会科学, 2004 (3): 32, 84 - 86.

　　② 宋殿宽. 求实·求新·求活：谈新编小学思想品德课教材的特色[J]. 课程·教材·教法, 1998 (6): 8 - 11.

　　③ 同②.

在中国古代，儒家经典是成人教材的核心部分，也是蒙学教材的边缘组成。这些作品习惯于使用中国传统文论特色的语言表达技术——独断断言语式；与此不同，西方学者则基于"分类背景——本质断定——知识推演"的知识构型思维，习惯于使用直言判断语式进行分析论证。① 编写者应用独断断言语式表达技术编写儒家教材，在古代可能会给人以训诲和教化的印象，在当代则可能给人以说教和灌输的印象。20 世纪，这种语言技术广泛地应用于各学段文科教科书的编写实践，顺应这一时代与社会转型的多种需求。

洋务运动时期，自然科学逐渐成为我国课程体系的重要组成内容。在此期间，编写者主要采用问答表达技术，直接地针对学科基础知识，以一问一答的方式编写理科类教科书。② 其中，数学科编写者常常局部采用问答表达技术，以只问不答的方式编写教科书。清末民初，理科类编写者继续广泛地应用这种技术，并以"例题"的具体形态呈现于整套教科书，帮助学生掌握相关的学科技能。而学科知识则多以"说明"的方式被呈现于教材页面。自此至 20 世纪末，正文"说明"知识与"例题"训练技能成为理科类教材常见的表达结构。

示例 4 - 3：《格物入门》第一卷水学 上章论静水（部分）

问：何为水学？

答：所以讲求水性以利民用。

问：共分几类？

答：水学有二，一论静水，一论流水。

问：水之涓滴有相吸之力否？

答：水虽清活流通，易散易聚。然其涓滴之至细者，亦有相吸之力也，其证有二。③

从辛亥革命到新文化运动，经过长期的文白之争，越来越多的人认识到现代语体文通俗易学，实用性强，易于推广与传播。在吴研因、龚启昌和何鲁成等人的推动下，教科书编写者逐渐认识到白话文更有利于教科书朝着科学化和大众化

---

① 吴兴明. "…者…也"与 S 是 P：中西文论诗学的断言式及谱系相关性（一）［J］. 西南民族学院学报（哲学社会科学版），2002（3）：62 - 66.

② 刘志学，陈云奔. 丁韪良编译物理教科书评析［J］. 自然辩证法通讯，2018（5）：84 - 91.

③ 丁韪良，格物入门［M］. 上海：宝善书局，1896：1.

的方向发展，尝试性探讨符合白话文要求的内容表达技术。① 尤其是国语科编写者，他们一方面主动创作精美的白话文作品，一方面积极选编优秀的白话文作品，不断规范和完善国语文化、词汇和修辞，努力帮助学生建构和习得具有现代特征的文章体式和言语方式。②

20 世纪，文科类编写者经常根据社会形势的变化，选择和运用合理的文体表达技术来编写教科书，以表现学科课程的特殊价值取向。以中学历史为例，在民国初期，编写者倾向采用记叙文体，客观地展现历史事件的动态发展过程。民国中后期，部分编写者倾向于使用杂文文体，边记述边评论，以期激发学生的爱国热情。③ 中华人民共和国成立初期，编写者探索采用故事化手段书写课文，以期让学生最大限度地了解当时的主流观点。④ 改革开放后，编写者倾向于综合运用多种文体，进行教科书编写，如使用记叙文体阐述近代社会的发展史，运用记叙和说明文体呈现古代社会的政治、经济和文化，等等。可见，文体已然成为教科书内容表达技术的重要基础。

除了上述学段内容表达技术外，还有一些编写者根据学科的特殊性质创造了极富特色的内容表达方式。例如，谢洪赍于 1904 年编写的《最新地理教科书》就采用游记的体例，以上海为旅游的起点和终点，沿着旅途陈述了本国和外国的地理常识。⑤

二、学期表达技术

文章体式具有规范言语方式和思维方式的功能，并且具有较强的稳定性特征。在学期（包括单元和课节）层面上，各类科目编写者通常会根据学生身心

---

① 王建军. 论近代白话文教科书的产生［J］. 华东师范大学学报（教育科学版），1996（2）：65 – 74.

② 李娜. 民国白话文教科书在国语传播中的作用［J］. 东岳论丛，2013，34（6）：160 – 163.

③ 何成刚. 历史教学叙述风格应多样化：民国历史教科书读后札记兼响应任鹏杰先生"历史教育文本危机论"［J］. 中学历史教学参考，2005（Z1）：9 – 11.

④ 郑士璟. 建国初期中学历史教科书中的"故事化"叙事：以《高级中学课本中国历史》为例［J］. 中学历史教学，2016（6）：9 – 11.

⑤ 倪文君. 近代学科形成过程中的晚清地理教科书述论［J］. 华东师范大学学报（哲学社会科学版），2006（5）：107 – 112.

发展的阶段性特征，选择性地应用学段内容表达技术，以合理地呈现选定的内容与素材，帮助学生学科思维素养的养成。进入 21 世纪后，课程教学的要求愈发综合和复杂，相关学科教材编写者努力尝试融合运用各种文体表达技术，突破原有学科知识体系的思维方式限制，帮助学生形成系统性、实践性甚至跨学科思维。

现代心理学研究表明，阅读文本的空间因素、词汇特征及语言因素可能交互或共同影响读者阅读和理解词汇的效果。① 清末民初，教科书编写者开始探索适应不同年龄学生的文字排版技术（涉及字体、间距、颜色、字号等方面），借助近代印刷排版技术来提高教科书内容的表达效果，其中最有代表性的是编排技术。民国以前，教科书大多采用书法字体；民国初期，由于印刷技术的发展，越来越多学科的教科书转向使用宋体和仿宋字体，并扩大字间距、行间距和段间距，以提高不同科目教科书内容呈现的视觉效果。②

在民国期间，编写者创造出字体区分技术和字号区分技术，并以此来区分不同文段内容的重要性，帮助学生快速捕捉到学科的主要内容，这两类区分技术的应用一直延续至今。以人民教育出版社出版的《政治常识》（1996 年版）为例，该书课文采用宋、楷两种不同字体，宋体用于正文分析论述，楷体用于材料及事实数据的展示。③ 借助这些技术，教科书能够主次分明地陈述学科内容，不仅有利于学生阅读和理解，也有利于培养学生的逻辑思维能力。

在文字编排方面，编写者还创造了笔画限定技术和字数限定技术，积极地适应不同年级学生的学习能力差异。癸卯学制颁布后，商务印书馆组织编写《最新教科书》，编写者约定"第一册教科书中，采用之字，限定笔画"，积极选用日常生活常用文字，而不使用生僻文字。④ 这样，入学学生能够顺利地进入学科内容的学习，而不至陷入文字理解的困难。中华人民共和国于 1964 年发布《简化

---

① 臧传丽，张慢慢，郭晓峰，等. 中文词汇加工的若干效应：基于眼动研究的证据[J]. 心理科学进展，2012（9）：1382 – 1392.

② 王文博. 民国时期教科书设计探究[D]. 南京艺术学院，2018：8 – 11.

③ 吴少荣，张秀岩. 朝教材现代化的方向努力：谈新版高中《政治常识》教材的编写特色[J]. 课程·教材·教法，1998（9）：37 – 40.

④ 蒋维乔. 编辑小学教科书之回忆，载张静庐"中国出版史料补编"[M]. 上海：中华书局，1957.

字总表》后，笔画限定技术具备了更加规范的文字基础。当前，《义务教育语文课程标准》附录有《基本字表》和《常用字表》，为该技术在教科书编写实践中的应用提供了重要依据。

在某种意义上，字数限定技术和笔画限定技术是孪生体。编写者积极地适应学期教学制度与教学时间的要求，同时限定整册教科书各个课节的字数，能够帮助学生在规定的课时单位内有效地完成学习任务，减少不必要的学科学习时间。例如，1993 年人民教育出版社编写人教版《义务教育教科书　生物》时，力求每节教材的总字数不超过 1 800 字，以减轻学生的阅读学习负担。①

三、单元表达技术

在学科专业实践过程中，相关学者群体逐渐形成了特定的语言表达方式。因此，教科书编写者只要在单元层面选定了具体的课程内容，在某种程度上就已经选定了基础性的文字表达技术。但是，考虑到教育教学目的的引领性，编写者在选定和组织学科内容的主线和要素后，还需要借鉴、调整和使用其他方面的语言表达技术。在此基础上，编写者可以应用权重分配技术，赋予各种文体及其组成要素以不同的权重，以帮助学生形成特定的话语模式或价值导向。

就理科类教科书而言，编写者通常在同一单元的各个课节内，对各种文体赋以相对固定的权重，并以段落或页面占比的方式进行显性表达，帮助学生形成相对系统的学科知识和相对稳定的学科技能，并认识到学科知识与学科技能的平衡关系。以人教版初中《义务教育教科书　数学》（2012 年版）为例，编写者通常在阐述每个核心知识点后，会安排 1 道例题进行技能训练，帮助学生理解和运用相关内容。

就文科类教科书而言，编写者则会在单元的各个课节内，赋予不同文体或同种文体的不同要素以不同的权重，以凸显学科研究对象的生动性和多样性（如历史学科），或者表达学科实践的复杂性和整体性（如音乐学科），或者充分揭示单元主题的内涵和意义（如品德学科），等等。以历史学科为例，姚涌彬曾主

① 叶佩珉. 义务教育初中《生物》编写的指导思想和改革特点[J]. 课程·教材·教法，1992（10）：32 - 36.

张，可以用"以事带人"和"以人带事"两种方法来呈现历史人物，以表现他们的主要活动和历史影响。① 在文科类教科书中，编写者会通过控制语段或语句占比的方式来落实权重分配，借此凸显单元内容的整体价值取向。

进入 21 世纪，课程目标维度不断增加，学习深度要求不断提高。在此背景下，课节已经难以承载如此丰富的内容和功能，于是单元逐渐取代课节占据中心地位，成为中小学教科书的核心结构。在这一过程中，教科书编写者可以运用新的文体表达技术（如散文），来拓展单元整体的育人功能。值得注意的是，在基础教育阶段，每个课程目标维度虽然都具有价值，但并非具有完全相同的价值重要性；知识与能力的发展始终是第一位的。这源于教科书编写者的精神自觉——知识呈现的明晰化不仅仅是一种技术问题，更是一个责任问题。②

四、课节表达技术

在中小学教科书中，课节是学科内容表达的基础性载体，承载着具体的知识与技能、过程与方法、情感态度与价值观等内容。因此，在课节层面上，编写者需要运用更为微观和精细的表达技术，才能完成符合学科课程教学理念和学生核心素养发展要求的叙述方式（如地理学科的客观介绍、主观阐释和开放讨论）③，从而促进学生素养的养成。鉴于三维目标之间的性质差异，下文将分为知识与技能、过程与方法、情感态度与价值观等维度阐述课节内容表达技术。

就知识与技能而言，教科书编写者要充分认识传统教材常用的解说式或演绎推导式的适用范围和特点。在学术的意义上，这些方式确实能够深刻地反映学科对象的内部机制或演变过程，帮助学生快速形成专业实践的思维，但是过于抽象、单一的表达方式可能会让学生产生厌烦情绪，甚至产生思维方式固化。对此编写者要顺应学生身心发展的年龄特征，立足学科知识与技能的完整体系，在不同学段、年级、学期选择恰当且多样的方式进行编写内容。可以用生动形象的描述进行说明，可以归纳和演绎交替、例举和类比穿插，可以采用科学抽象、假

---

① 王宏志. 历史人物和历史教材[J]. 课程·教材·教法，1997（11）：7−11.
② 曹建召. 语文教材知识编排方式探讨[J]. 语文建设，2008（12）：10−12.
③ 王民. 中学地理教科书叙述方式介绍与探讨[J]. 课程·教材·教法，2001（8）：11−13.

说、模型和数学方法等。① 只有知识与技能的表达方式具有生动性、可读性、富于思考性，才能切实提高学生自主学习的兴趣和效果。

就过程与方法而言，教科书编写者主要通过提出学科问题、日常生活和实践操作等情境的创设，引出和带动过程与方法知识内容。为了满足学生自主发展的重要诉求，教科书（尤其小学教材）编写者更可能运用故事化表达技术，创设出美妙的学习情境，生动地叙述事件发展过程。在此过程中，编写者要注意叙事结构是呈现叙事素材的关键，其外在表现是故事发生、发展的情节，内核则是故事情节中隐含的叙事图式。② 换言之，真实实践过程和学科思维方式是情境创设的共同依据，是叙事表达的深层内容，不可或缺。在此基础上，教材叙事坚持人性化、生活化和具体化等原则，才具有实在的教育教学意义。

就以上两个维度而言，内容表达的核心原则是陈述方法一定要紧紧扣住能清晰明确理解其实质，并灵活地用来分析问题和解决问题。③ 在教材编写过程中，编写者可能会运用多种表现手法（如类比、对比、用典）和修辞手法（如比喻、排比、拟人、夸张），来增强课程具体内容的可理解性。但是，这些语言表达手法的运用并不是无限制、无原则的，而是要遵循基本的语法、词语、语用、修辞、逻辑等规则，以便学生能够保持语言表达、思维过程和行动实践的一致性。④

就情感态度与价值观而言，编写者需要认识到情感体验与价值观念的直觉性、实践性等特征，可以采用以下技术为学生建构具身学习的必要条件。其一，形象描述技术，即编写者选择生动、具体的材料，用形象的文字和图画塑造典型的人物形象和环境情境，以培养学生的政治思想和道德情感。⑤ 其二，嵌入生活技术，即编写者将情感和价值观具体化为实在事物或行为表现，以学生喜闻乐见的形式嵌入其日常生活中，不断地引出和改变学生的情感与价值感。在延安时

---

① 金之星. 教材编写的几点设想[J]. 课程·教材·教法，1985（6）：44-46.
② 郑航. 德育教材开发中的叙事素材[J]. 课程·教材·教法，2004（11）：44-48.
③ 金新. 中学化学教材应该重视推理[J]. 课程·教材·教法，1981（4）：37-43.
④ 汪大昌. 物理教科书的语言表达问题：以九年级教材为例[J]. 中小学教材教学，2016（2）：16-19.
⑤ 许斌. 试谈殖民主义及其在高中世界近代现代史教材中的处理[J]. 课程·教材·教法，1998（5）：30-34.

期，辛安亭等人编写小学教材时积极地运用这两种技术，强调从学生的生活经验出发，运用学生喜爱和可以接受的内容与语言，同时又注意循序渐进地尽可能早地同社会需要、科学知识相结合，帮助学生快速地接受和认同当时的社会价值观。① 其三，活动卷入技术，即编写者利用和改造真实的学科实践，建构学生可身临其境或可亲身体验的实践活动，以启动和提升学生的学科情感。

在人类真实的实践活动中，知识与技能、过程与方法、情感态度与价值观是不可分割的，即使教科书编写者（尤其理科类教科书编写者）努力用语言文字来表达学科对象，仍然无法将这些维度彻底地分开。而当代课程设计的发展也愈发强调三维目标的整合性功能。在教材编写实践中，教科书编写者（尤其文科类教科书编写者）会积极运用各种修饰词和连接词，来凸显学科内容所承载的特定情感倾向。因此，教科书编写者要对内容进行反复推敲和优化表达，用精当准确的表述来支撑情感渗透，使之成为学生健康成长的精神食粮。②

在中小学教科书中，图像系统是学科内容表达的另一个符号系统。为了深度揭示学科内容的多维含义或内部关系，教科书编写者创造出了两大系统结合运用的多种技术，主要包括图文互词、图文互补、图文互通等技术。图文互词技术是指正文和图像具有相同的核心词语，并可以借助这些词语进行同义转化。图文互通技术是指正文和图像没有共同的词语，但可以借助正文或附加的语言要素进行局部转化。图文互补技术是指正文和图像没有共同的核心词语，但二者在学科要素方面互相依赖，共同构成完整的学科知识。由此，图像系统形成了非常丰富的应用效果，发挥着装饰性、表征性、组织性、转换性和理解性等功能。③

在知识获得的意义上，大脑结构和神经网络是心智发展的生理基础，先天地制约着微观课节技术对学生心智转变过程的适用性。教科书编写者应当充分了解学生的信息加工过程，综合考虑实现知识与技能的交互性、知识的内化和外化的

---

① 辛安亭. 深入浅出：陕甘宁边区编写教材的经验[J]. 课程·教材·教法，1981（2）：58－60.

② 王涛. 浅谈历史教科书中情感失当问题：以人民版和人教版教材文字表述为例[J]. 中学历史教学研究，2014（2）：11－15.

③ 林向阳. 体育教科书中图表的设计与表达[J]. 武汉体育学院学报，2005（7）：96－99.

关联性。在此基础上，编写者可以运用与身体感知系统相关的教科书技术（如流程图），借助生理过程将课程信息传导至学生的身体与头脑，引导他们完成身心经验的调用与调整。也可以运用与心智加工系统相关的教科书技术（如故事表达），借助思维转变模式将课程信息传递至学生的大脑与身体，帮助他们完成身心品质的培养与改进。

五、表达技术小结

在我国近现代教育发展进程中，教科书编写者顺应社会形势与教育要求的变革，不断地创新、改造、替换内容表达技术，并借此具体落实学科知识与技能体系，形成了非常丰富的中小学教科书作品。在每个发展阶段，编写者都会适应性地选用合适的内容选择技术和内容组织技术，由此直接影响着内容表达技术的选用实践。即便如此，内容表达技术集群仍然不断自我更新、自我超越，最终表现出一种独具特色的演化路径（如图 4 - 3）。

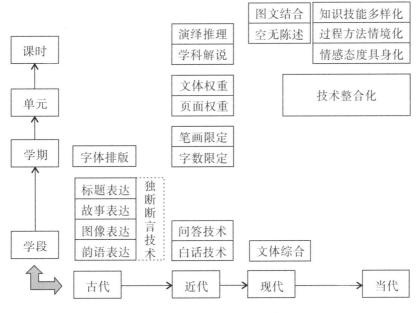

图 4 - 3　教科书内容表达技术的发展历程

活动理论认为，虽然语言是意义的负荷者，但语言却不是意义的缔造者。在语言的意义后面，隐藏着社会形成的动作方式（操作）。① 这就意味着，在编写中小学教科书的过程中，编写者不仅要善于呈现知识形态的意义论述，还要借助直觉性、操作性或活动性的内容表达，把意义隐含在生动的故事、具体的形象、科学的知识之中，② 以便增强学生的体验性和实践性参与，让他们在模仿性体验中切身理解人类生活的生命价值。

在学校教育教学实践中，教师通常需要依据文本体式来确定教学内容，有针对性地设计核心学习活动，巧妙地化解学生学习难点。③ 因此，教科书编写者必须坚持面向未来的教育立场，在学段、学期、单元和课节等层面充分地分析、运用和评估各种语言表达技术，学会以系统、简洁、生动的方式将学科内容素材呈现于教材页面，形成教学适用的教材表达体式，帮助教师整体性、结构性和开放性地理解学科素养，并帮助学生积极、自主、深度地阅读教材内容和发展核心素养。

当然，技术本身与技术应用并不能直接创造教育世界。站在教育促进学生成长的立场上，教材编写者必须先严肃地探明学生当下生活的本真状态，然后回归到学科实践的真实状态，最后发现学生未来生活的理想状态，围绕三维目标和核心素养的高品质生成，选择好、组织好和表达好学科课程的具体内容素材。这样，教科书才有可能在根本上避免经典的缺失、学生视角的缺失、快乐的缺失和事实的缺失等问题，最优化地运用表达技术建构学生成长本位的课程世界。

---

① 阿·尼·列昂捷夫. 活动 意识 个性[M]. 李沂，等译. 上海：上海译文出版社，1980：99.

② 王昌桃，王国林. 小学语文乡土教材编写初探[J]. 课程·教材·教法，1988（4）：20－22.

③ 王荣生. 依据文本体式确定教学内容[J]. 语文学习，2009（10）：33－38.

第五章

学习设计视域下的教科书技术

教科书的终极意义是在特定的方向或特定的范围内，引领和促进学生素养的最大化发展。在编写实践中，编写者在选定教科书适用对象的区域或水平后，不仅要以多数学生的经验和潜能为依据，选择、组织和编写具体学科内容，而且要遵循学习的进阶规律（如从行为掌握到图像掌握，再到符号掌握），帮助儿童积极地掌握生动的知识体系。① 更重要的是，他们还须把握多数学生可能遇到的问题，结合学习科学的原理、原则和方法，引导学生发现和化解内容理解过程中的主要疑难，让"多数学生"自主实现最近发展区。

作为教科书编写者编辑创作的结果，教材既要提供学习内容（知识体系、背景材料、练习材料），还要规定学习过程与学习方法，提出必要的学习要求，来保证学生学习品质的有效提升。② 这就意味着，在编辑实践过程中，编写者不仅要充分收集和分析学生个体学习的真实信息（包括学习需求、学习者特征、学习任务），还要细致地在教材页面设计学习活动要素（如学习目标、学习媒体与学习空间、学习方式与学习策略等），并审慎地思考如何保证学科素养与学习素养的有机融合。③

本章将围绕学科核心素养（包括知识与技能、过程与方法、情感态度与价值观等维度）的养成，按纸质教材阅读的时段层次与时间顺序，从学习引导、学习支持和学习巩固等方面分析教科书（包括助读系统、正文系统、作业系统）中内含的技术手段。其中，学习引导技术主要针对学生如何进入教科书正文的阅读

---

① 任丹凤. 论教材的知识结构[J]. 课程·教材·教法，2003（2）：5–8.
② 曾天山. 教材论[M]. 南昌：江西教育出版社，1997：20.
③ 王楠，崔连斌. 学习设计[M]. 北京：北京大学出版社，2013.

过程；学习支持技术主要帮助学生深度理解正文系统与图像系统的内涵与意义，提升学科实践和知能掌握中的问题解决能力；学习巩固技术主要帮助学生巩固学科教科书的理解结果。

第一节　学习引导技术

学习的本质是劳动，是学生以自己身心的自觉投入为基础，以人类的各种知识和技能为对象，以学习者的劳动能力为产品而进行的社会性劳动。[①] 但是，游戏才是儿童的本性。基于此，教科书编写者需要在正文内容之前设置必要的引导标识，将学生的注意力吸引或转移至正文，让他们顺利、自觉地投入学习活动中，才有可能让他们理解并掌握其中内含的学科知识体系。这便是学习引导技术存在的缘由。

一、学段引导技术

在学段的意义上，教科书常见的学习引导技术是前言技术。前言技术的起点可追溯至清末民初教科书中的"编辑大意"。通常而言，这些"编辑大意"主要包括编写目标、内容安排、编写依据和素材选择等内容，是学习引导技术和教学统筹技术综合应用的结果。清末民初时期教科书的前言技术明显地带有学科内容组织技术的痕迹。中华人民共和国成立后，各科教科书大多会在封面内页附有"说明"，大体上都遵循着"编辑大意"的基本架构。

在传统教科书中，知识与技能处于言说地位，情感与价值观则处于隐言状态。进入21世纪后，学校教育教学实践更加关注学生的学习动机和学习过程，逐渐将学生参与学习作为首要的考量因素。在此背景下，各个学段、各个科目的教科书通常采用主线隐现技术，将学科知能主线相关的问题情境、日常生活经验等作为先行的显性内容，并使原本居于核心地位的学科知识与技能隐藏其中或随

---

① 张小健. 学习劳动刍论[D]. 湖南大学, 2007.

后出现，以待学生自主探索或合作发现。以美术学科为例，当代教科书更加重视主题单元式的教材结构方式，具体的策略是使美术知识与技能成为暗渠，使与人相关的社会、自然内容成为明河。①

此外，教科书封面设计是一种非常重要的学习引导技术。在清末民初阶段，各科教材的封面设计虽然简单，却不失学科的特色和美感。例如，商务印书馆最新系列教科书采用统一的竖向排版和书法字体，同时在封面的中央或左上角位置突出标识"最新国文教科书"等字样，给人以厚重、亲切的感受。在近现代历史中，教科书封面逐渐更替为学生生活、学科实践等性质的图片，以激发学生的阅读亲切感。在当代和未来的编辑实践中，编写者应当充分尊重学生的认知特点和理解能力，在色彩、文字和图形等方面进行整体考量，设计出精美的教科书封面，唤醒学生的内心活动与学习兴趣。②

二、学期引导技术

进入 21 世纪，教科书编写者努力扩大前言技术的应用范围，以适应学生发展和建构教材特色的多样化诉求。部分编写者不仅在学段层次上应用前言技术建构教科书的版本特色，还会在学期层面上应用该技术阐述具体模块的内容和意义；部分编写者则放弃学段层次上的应用，仅仅在学期层面上应用该技术阐述分册教科书的模块内容、价值取向和学习方法等。③ 当然，也有编写者放弃了前言技术的使用，如人教版《义务教育教科书 语文》。为顺应课程理念的发展，小学科目编写者在应用前言技术的过程中，努力使之成为学生进入科目学习的"情感动员令"。

在学期层面上，引导学生学习的另一重要技术是目录结构技术。教科书目录的作用定位为向学生展示教学的目标、教学的内容，以帮助他们确定学习目标、制定计划、设定评价指标、发展学习策略、自我导向。④ 整体而言，洋务运动时

---

① 尹少淳. 课程改革背景下的美术教科书编写问题[J]. 课程·教材·教法，2003（10）：45－50.

② 刘玲. 西师版小学数学教科书封面设计的思考[J]. 西南农业大学学报（社会科学版），2011，9（2）：148－150.

③ 张华中. 试论高中历史教科书的"大前言"[J]. 中学历史教学研究，2012（1）：42－45.

④ 刘道义. 英语：新课程所引起的教材变革[J]. 课程·教材·教法，2002（9）：44－47.

期的教科书目录多数按单层的课节形态来组织与呈现目录。由于学科性质和内容组织形式的差异，各科教科书在后续的发展过程中逐渐形成了迥异的目录结构。就语文学科而言，民国教材（以《国文百八课》为代表）开始具备双层的"单元—课节"形态，其中的单元层虽有主题范围，但较少出现具体标题，这种形态一直延续至今。

就小学科目教科书而言，它们在改革开放后都出现了"单元—课节"形态的目录。但从 21 世纪开始，部分科目教材的课节消失，出现了单层形态的单元目录。就中学阶段教科书而言，理科类教科书在民国初期已经基本形成"单元—课节"的目录形态，文科类教材在改革开放阶段出现"单元—课节"的目录形态，这两类教材的目录结构形态延续至今。

在整个 20 世纪，部分学科的教科书目录会使用图形凸显技术，在"练习""复习""单元检测"等标题前增加特殊的图形符号，以示这些内容与单元标题、课节标题的性质差异，帮助教师或学生分辨其教学价值。在心理学意义上，这些目录结构就是奥苏贝尔所说的"先行组织者"，能够引导学生直观、整体甚至快速地形成特定的心理图式、阅读方式或学科结构。

三、单元引导技术

在单元层面上，学习引导技术主要是以"导言"的形态存在，用以提醒学生在学习特定单元时所应注意的线索和要求。这些单元导言不仅引领着课文内容的具体陈述，还引导着作业内容的具体设计。当然，在不同时期、不同科目、不同学段的教科书中，单元导言的具体内容可能存在很大差异，比如艺体类教科书、小学低中学段教科书通常不会设置单元导言和课节导言。

改革开放后，语文教科书开始采取单元导言技术，并通常以"知识＋技能"的方式书写单元导言，但在不同时期其所强调的具体内容有所差异。例如，1996年出版的人教版《义务教育教科书　语文》单元导读的内容主要由单元内课文组成的说明、各篇课文内容的介绍、语文基本功训练重点和要求提示等三个部分，使单元成为课文、知识、能力训练的和谐统一体。[①] 人教版《义务教育教科

---

① 冯发柱. 谈教材中"导读"部分的教学[J]. 湖南教育，1997（7）：22–23.

书 语文》单元导言则更加关注单元主题的内容和意义，并强调语文技能的学习和语文情感的理解（如示例 5 - 1）。

示例 5 - 1：人教版《义务教育教科书 语文 八年级下册》（2017 年版）第一单元导言

民宿是民间流行的习俗、风尚，是由民众创造并世代传承的民间文化。本单元的课文，或表现各地风土人情，或展示传统文化习俗。我们能够从中看到一幅幅民俗风情画卷，感受到多样的生活方式和多彩的地域文化，更好地理解民宿的价值和意义。

学习本单元，要注意体会作者是如何根据需要综合运用多种表达方式的；还要注意感受作者寄寓的情思，品味作品中赋予表现力的语言。

中学理科类教材通常会采取"现象 + 问题"的方式进行单元导言设计，从日常生活现象或相关生活实践中提出数学学习的问题、内容或任务，引导学生学习正文内容。在某种意义上，这比较符合自然学科实践的基本思维方式，即探究自然现象，发现科学原理。在当今探究学习等课程理念的影响下，部分教科书单元的导读技术应用出现了综合化趋势。例如，江苏科学技术出版社出版的《义务教育教科书 物理》在每章的开头部分在呈现方式上表现为章头图加文字的形式，旨在通过鲜明的物理问题情境或现象引导学生进入学习情境，激发学生的学习兴趣。[①]

20 世纪，文科类教科书编写者在单元层面较少设计学习导言。但是在 21 世纪的课程改革过程中，文科类教科书编写者努力结合学科特色、覆盖内容或价值导向，设计主题导入式的单元导言。例如，华东师范大学出版社出版的《义务教育教科书 中国历史》（2006 版）的单元导言努力揭示单元的知识结构，包括单元的主要内容、基本线索和知识重点。[②] 人民教育出版社出版的初中《义务教育教科书 中国地理》（2017 版）则直接使用清末理科类教科书中的问答技术，采用问题提出的方式设计单元导言。

---

① 邹芳，周新雅，丁红，等. 从核心素养视角看物理教材导读系统设计：以苏科版教材力学部分导读系统为例[J]. 实验教学与仪器，2018（10）：10 - 12.

② 王建辉. 浅析初中历史（华东师大版）教科书的"导言"[J]. 基础教育课程，2006（8）：33 - 35.

四、课节引导技术

在课节层面，导言仍然是非常重要的学习引导技术。整体而言，在我国社会发展的不同时期，各门科目编写者都努力地立足于学科的性质与特色，创造性设计和编写课节导言，引导学生找准课文学习的方向或提高课节学习的效果。民国时期，理科类教科书较早开始使用提问的方式编写导言（如示例 5 - 2），并且直接指向学科知识的具体内容。在改革开放（尤其新课程改革）的过程中，部分中学理科类教科书日渐在第一段落发力，并倾向于采用现象导入的方式引出课节重点。以人教版《义务教育教科书　物理　九年级上册》（2017 版）为例，第 13 章第 1 节"分子热运动"开篇点题："盛夏时节，百花绽放。四溢的花香引来了长喙天蛾，它们悬浮在空中吸食花蜜。花香是如何传播的呢？"

示例 5 - 2：复兴自然教科书（小学校高级用）第三册

一　光的性质

思考：1　光和影有什么关系？

2　什么叫做光的折射？

3　光怎么反射？①

改革开放后，初中语文教科书应用课时导言技术时，主要用于说明课节学习的重点内容，侧重于语言技能的训练（见示例 5 - 3）。21 世纪，初中语文教科书重新组织内容编排，将阅读、写作和口语实践划分开来，因此阅读部分的导言不再重点关注写作手法的理解与训练，而是强调对课文内涵的理解，包括理解文章内容和情感培养（见示例 5 - 4）。与初中教材不同，现今的高中语文教科书编写者较少使用课节导言技术，而是倾向于在课文后设计"学习提示"栏目，为学生提供事后的学习支持。

示例 5 - 3　人教版初中《义务教育教科书　语文》（1987 年版）第五册第二单元 六《事事关心》

学习重点

---

① 周建人、周颂久. 复兴自然教科书（小学校高级用）：第三册[M]. 上海：商务印书馆，1937：1.

一　围绕中心层层深入阐明道理的方法

二　正反对比论证的写法①

示例5-4　人教版《义务教育教科书　语文　八年级下册》（2017年版）第一单元1《社戏》

预习

○社戏是中国农村举行迎神赛会或岁时节庆时所演的戏，在江南尤为盛行。了解一下你家类似的民俗活动，讲给学生听。

○文章结尾写道："真的，一直到现在，我实在再没有吃到那夜似的好豆，——也不再看到那夜似的好戏了。"作者为什么这样写？带着这个问题通读全文，了解课文的主要内容。

英语与语文虽同属语言科目，却形成了不同的课节引导方式。英语科目教科书编写者通常使用标题透明技术，非常直白地引导学生学习课文内容。所谓标题透明技术是指学生看到课文或练习的标题，就能明白教科书要求学生使用什么方法、运用和掌握哪些方面技能。②例如，"看、听、说""读、说""问、答"等标题分别强调学生在理解、表达和对话等方面能力的发展。

在文科类教科书中，民国时期的教科书编写者可能采取提问的方式进行课节学习引导，直接帮助学生关注或明确课堂学习的重点内容。在21世纪课程改革的背景下，编写者更趋向于使用创造学科情境、问题情境、生活情境等方式，致力于浸入式的学习引导设计。例如，人民教育出版社出版的初中《义务教育教科书　中国历史》（2006年版）每课的导言基本上都是从故事入手，试图引起学生的学习兴趣，进而提出问题，让学生带着问题开始新课学习。③

值得注意的是，清末民初各科编写者不仅创作了饶有趣味的封面图画，还努力结合学科内容、时代特色，以家庭、学校、自然和社会为取材场景，设计出大量精美的课文配图，如语文教科书的插图直观形象，表现出课文的情趣和意境；

---

① 人民教育出版社语文一室. 初级中学课本语文：第5册[M]. 2版. 北京：人民教育出版社，1987：21.

② 谈九年制义务教育初中英语教材的编辑指导思想[J]. 课程·教材·教法，1990（6）：15-18.

③ 姜丽玲. 以"早期华夏文明"为例谈中美初中历史教材导言之不同[J]. 中学政史地：教学指导，2011（4）：57-59.

修身教科书的插图则带有很强的社会性；小学理科类教科书采用了完整的场景搭配多幅特写的方式，表现简单的数学运算和自然常识内容。① 这些课节配图不仅吸引学生的注意力，并且引导他们关注后文的内容。在当今的教科书编写实践中，这些配图技术得到了广泛的应用。

此外，在现代中小学教科书中，辅读系统变得越来越复杂和多样，并发挥着越来越重要的自学引导或支持作用。在很多情况下，辅读系统的部分栏目或视觉标识带有很强的学习引导功能。编写者可以采用视觉凸显技术，使用不同字体或颜色、位置、图标构成的视觉板块分区以及突出各种提示性内容，引导学生以特定的结构、方式、速度来阅读教科书不同部分的文本段落。② 由于这些栏目的设计目的主要是帮助学生深度关注正文的内涵，及时化解正文理解的误区，故本书将之置于学习支持技术部分进行讨论。

五、引导技术小结

在当代教科书编写实践中，编写者在学段、学期和单元层面上都在积极地应用学习引导技术，激发学生阅读教材的兴趣和动机。但是，学习引导技术并非可以任意应用，而是受到学生、学科和社会等因素的影响。在小学阶段，学生通常具有较弱的自我监控意识和自我调节能力，且缺少必要的学科基础经验和学科理解能力，因此编写者在单元层面较少使用学习引导技术。在中学阶段，不同学科教材关注的学生发展具体目标有所不同，承载的学科核心素养也有差异，因此编写者在课节层面上应用学习引导技术的过程中，会在应用范围、操作方式和使用频次等方面表现出较大的差异。

为顺应 21 世纪的课程改革理念，教科书编写者逐渐增强学习引导技术应用的意识，积极地吸收教育心理学的研究成果，认真地总结教育教学实践的优秀经验，并努力尝试创设具有学科特色的前言、导言和目录等构件，以便综合化设计、管理和支持学生的阅读实践过程。

---

① 张蓓. 合度·深度·尺度：民国时期教科书装帧设计之研究[J]. 中国出版，2016 (7)：71-73.

② 惠凌峰. 浅析中小学教科书中非文字符号的认知特性[J]. 课程·教材·教法，2008 (12)：61-66.

第二节　学习支持技术

站在促进学生发展的立场上，课文内容应当超过"多数学生"的经验、思维或视野，尽量达到其"最近发展区"。这样的话，"多数学生"在阅读课文的过程中，就可能会遇到各种各样的认知和应用问题，并产生思维引导或问题解答的需求。基于此种考虑，教科书编写者可以在实证调查的基础上，在课文或正文中合理地使用学习支持技术，精心打造公共性助读系统，帮助"多数学生"增强学科实践和知能掌握中的问题化解效果，或者避免教师个体的知识局限、理解盲区或指导误区，最大限度地保证课文内容的内涵与意义。

由前章内容可知，教科书编写者在选择、组织和表达学科内容的过程中，已经考虑到学生学习支持方面的可能需求。从课程设计的角度来讲，内容选择技术（如生活经验映射、学科知识映射）、内容组织技术（如逻辑递进、齐头并进、界域排列）与内容表达技术（如字数限制）都能够深层次地发挥学生阅读学习支持的功能。从教科书的历史发展来看，相关编写者在学段、学期、单元和课时等层面上还创造了其他直观、丰富且有效的学习支持技术。

一、学段支持技术

在中小学教科书中，技能网络技术是比较典型的学习支持技术，即编写者在教科书的正文、活动、图像和作业等组成部分中，全面、立体地构建特定技能培养的网络，以增强技能训练的频率、过程和知识理解与掌握的效果。以初中历史学科为例，教科书可以从多方面来凸显"想象"能力的培养：在历史叙事方面可运用形象推演、虚构性的想象和具有史料性的文学想象，激发学生的想象力；在活动设计方面可围绕文献资料、故事和历史剧、反事实想象设计活动，加强学生的想象力。而在图像运用方面可运用想象画和文物图像等，来提升学生的想象力。①

---

① 王世光. 历史教科书的"想象"之维[J]. 课程·教材·教法, 2007（10）: 51-55.

在小学学段，文字呈现技术是比较典型的学习支持技术。民国时期的研究认为，低年级教科书字号以初号字或 2 号字为宜，中、高年级以 3、4 号字为宜。① 在思维外化的意义上，学生在阅读正文过程中，需要一定的纸面空间来记录自己的思维过程和结果或为课程复习记录必要的信息。因此，当今教科书都选择较大的开本（大 32 开或 16 开），并留出较多的空白和边白，方便学生记录。在某种意义上，写字教材运用的框线限定技术可算作文字呈现技术发展的典型代表。这种技术针对低年级学生空间知觉薄弱的特点，采用田字格练习书写，以逐步提高知觉的精确性。② 进一步讲，这些方法（连同文字的颜色和间距）还影响着学生视力保护的效果。

在中学阶段，辅助栏目是典型的学习支持技术集群。在现代教科书的发展过程中，辅读系统占据着越来越重要的地位，发挥着越来越多样的功能。根本地讲，这得益于教科书编写者围绕课文理解中的重点难点和关键节点，有针对性地创新并系统性地运用了各式各样的栏目设计技术，创造出多样的资料展示方式、实践活动内容和技能训练方法，打造出丰富的学生交流空间、师生互动路径和校外交往环境。在当代教科书中，辅读系统更是落实三维目标和核心素养理念的重要路径。

在高中学段，方法统分技术是最具代表性的学习支持技术，即教科书编写者在首册学科教科书的开篇单元陈述学科的主要方法，并在后续学期和单元中应用和呈现与内容紧密相关的学科方法。在中学化学教科书中，这种技术得到编写者较多的关注和应用。以人民教育出版社 2007 年版的高中《普通高中教科书　化学》（必修）为例，第一章"从实验学化学"的内容包括"第一节 化学实验基本方法"和"第二节 化学计量在实验中的应用"。在高中阶段的化学教科书中，实验方法与计量方法逐一并重复出现，借助这些学科方法的有序散播，学生能够更为细致、系统地理解与掌握学科知识。

---

① 郭凤玲，袁敏. 谈谈儿童图书字体大小的问题[J]. 课程·教材·教法，1989（11）：57 - 57.

② 何慧君，钱琴珠. 介绍新编五年制小学写字教材[J]. 课程·教材·教法，1982（2）：9 - 13.

二、学期支持技术

在学期层面上，逐段递空是常见的学习支持技术，即教科书编写者在设计复合能力培养的任务时，先行提供相对完整但简单的实践过程，供学生理解相关能力的初步含义。在此基础上，编写者删除部分实践过程并让学生进行补充，最后通过方法指导的方式帮助学生掌握完整的实践过程。

这种学习支持技术较多地应用于数学教科书。以十年制初中教科书《几何》为例，第一阶段运用定义、性质进行一次推理，学生能从题设出发，根据图形找出结论，并说出根据；第二阶段培养学生的推理论证能力，在该阶段的前半阶段，题目很简单，学生按固定格式逐步写出根据即可；在后半阶段，则要求学生分析后写出证明过程；第三阶段要求学生进行探索式的证明，通过该阶段的学习，学生将掌握从题设探求和发现结论的研究方法。[①] 通过这三个阶段的练习，学生能够逐步、规范、有效地掌握数学基本思想。

在小学阶段，图片递空技术是逐段递空技术的变体形态，主要应用于数学应用题解答的学习过程：第一阶段用图画表示的应用题，一般采用学生熟悉的事物和情景图画；第二阶段是有图有文的应用题，通过图文结合的形式，清楚地呈现并区分条件和问题；第三阶段是文字应用题，通过该阶段的学习，学生将学会解用文字叙述的应用题。[②] 通过这种编排方式，小学生能够逐步把握复杂数学素养的结构、条件、问题和整体，同时比较容易形成数学学习信心。

三、单元支持技术

在单元层面上，学科教科书的内容或性质具有更强的关联性。因此，教科书编写者更容易使用学习支持技术。编写者最常用的支持技术就是方法指导技术，即编写和介绍与本单元内容相关的学科学习方法。在宽泛的意义上，《国文百八课》可算作这种技术应用的代表性产物，它的每个单元内容都包括文话、文选、

---

① 鲍珑. 分散难点，注意渗透，便于入门：初中《几何》第一册简介[J]. 课程·教材·教法，1984（4）：74－76.

② 张卫国. 编写小学实验课本数学第一册的说明[J]. 课程·教材·教法，1987（5）：4，11－14.

文法和习问四个组成部分。在每个单元，文话和文法都指向文选内容的理解与学习，它们是语文学科常用的表达方法和学习方法；习问又指向文话和文法的理解和应用。通过这种指导技术的帮助，学生可以更有效地提升语文素养。人教版小学《义务教育教科书　语文》（2017 年版）运用了更具有指导意义的清单指导技术，在"口语交际"和"习作"模块为学生提供相关活动步骤的操作程序指导；"综合性学习"也应用了这种技术，是融合阅读、写作和口语交际而形成的整体性学习方式。①

在理科类教材中，单元总结技术是改善学生单元学习质量的重要工具。在20 世纪，单元总结更多的是借助文字描述技术来梳理单元的学科内容与主要方法。在21 世纪，以人教版《义务教育教科书　数学》（2017 年版）为例，单元总结不仅借助文字描述技术阐述单元学习的基础、内容、方法以及地位，还使用概念图技术直观地展现了整个单元的核心概念及其主要关系。通过单元总结，学生能够发现和建立单元内容的内部关系，更为深度地理解单元内容的关键要点，甚至重新认识和理解某些课节内容的细节内涵。

在文科类教科书中，探究活动技术是比较可行的单元学习支持技术。由于文科类课程的内容维度是趋于多样化的，愈发要求学生建立整体性思维模式，学会系统地探究学科对象，以避免陷入琐碎的知识细节。以人教版《义务教育教科书　历史与社会》（2017 年版）为例，编写者在九年级下册第五单元"二战后的世界变化"运用随机访取技术，结合单元主题和课文内容设计了探究活动"聚焦文化软实力"，从"衡量国力，什么更重要""从'汉江奇迹'看文化的力量"和"文化实力面面观"等角度引导学生分析问题，跳出单元课文内容的陈述方式，重新审视历史与社会的发展过程。

四、课节支持技术

在课节层面，学习支持技术的形态是非常多样的。其中，栏目拓展技术的应用频率最高，表现形式也比较多样，如讨论、判断、资料整理、资料分析、绘制

---

① 陈尚达. 语文综合性学习的教材设计特征及问题：以人教版初中语文课程标准实验教科书为例[J]. 教育科学研究，2005（11）：46 - 49.

图表和调查访问等①。从历史发展过程来看，这些栏目最初大多存在于教科书页面的注释部分，如语文多在页脚部分进行注释，现已逐渐与课文部分进行融合，形成错落有致的页面布局。下文将按课节内容出现的先后顺序，梳理正文学习支持技术在各学科教科书中的应用。

在数学教科书中，学习支持技术的发展历史相对较长，形成了比较成熟的应用体系，主要包括以下几种：（1）问题引出技术，即课节开篇设计各种各样的活动（如观察、思考和探究等），引导学生发现数学现象，提出数学问题；②（2）对照引申技术，这是在数学和英语教材应用较多的学习支持技术，该技术立足于学科内容的根本特征，通过改变学科概念或规则的应用情境或表现状态，引导学生透过表象来深度地领悟课节重点；③（3）思路提示技术，即在给出数学问题实例后，给出分析思路和思考方法，然后通过例题归纳解题步骤；④（4）字符转换技术，即在呈现数学符号公式的过程中，增加文字叙述，以提升学生的口头表达和概念理解能力；⑤（5）变式空白技术，即在揭示规律后，在例题中留出空白并以此呈现思路，让学生进行思考并补充相关内容，完成课程内容的生成。⑥ 凭借这些技术的应用实践，学生能够在阅读数学教科书的过程中，系统地掌握数学问题的提出、分析与解决方法。

在科学类教科书方面，由于知识体系和学科实践的规范性，课节学习支持技术形成了相对稳定的系统，主要包括以下几种：（1）观察起点技术，科学类（尤其是小学阶段）教科书编写者通常以观察活动作为课节内容的起点，沿着

---

① 李家清，闻民勇，刘学梅. 论地理新教科书活动性课文的设计策略[J]. 地理教学，2005（9）：10－13.

② 章建跃. 普通高中数学课程标准教材的研究与编写[J]. 课程·教材·教法，2005（1）：45－50.

③ 广东省顺德县教研室. 培养能力应贯串于教学全过程：小学实验课本数学第一册教学小结[J]. 课程·教材·教法，1987（5）：18－20.

④ 蔡上鹤. 培养分析能力 注意易教易学：初中《代数》第二册修订说明[J]. 中学数学教学，1984（1）：7－8，42.

⑤ 李琳. 调整内容 降低难度 加强基础 提高能力：初中《代数》第四册修订说明[J]. 江西教育，1985（Z2）：81－82.

⑥ 刘意竹. 关于小学数学教材改革研究的回顾与思考[J]. 课程·教材·教法，1999（1）：13－18.

"观察—思考—实验""观察—比较—分类"或"观察—分析—综合"等思路呈现具体内容，以期帮助学生培养良好的注意力；①（2）问题引导技术，在中学科学教材中，编写者通常以认知问题或真实问题作为课节内容的起点，激发学生的学习动机和问题意识；②（3）过程图示技术，编写者可以将概念性知识（包括分类与类别、原理和通则、理论与模型等）和程序性知识（技能与算法、技术与方法）转化为图像形态，以流程图和概念图的方式简洁地表达具体内容；（4）问题串联技术，尤其在探究实验中，教科书可以针对实验现象及时提出系列学科问题，引导学生通过操作与思考进入科学探究过程，增强学生针对现实现象的问题提出能力。③

在英语教科书中，常见的课节学习支持技术主要包括以下几种：（1）重点开头技术，即编写者会将课节重点（尤其是当课新学句型的重点句）直接放置于课文开头，帮助学生明确课程学习的重心，并要求学生进行理解、熟读和应用；④（2）模仿替换文本，即编写者会将部分课文内容进行空白设计，让学生模拟前例进行替换性补充，以完成整个课节内容的终极建构；⑤（3）词语空白技术，即英语科编写者会设计听力填空、完形填空、选择填空等形式的学习活动，让学生进行必要的词语补充训练，从而落实听、说、读、写等能力的培养和完成词汇、句型、语法的理解任务。

在某种意义上，上述课节学习支持技术同样适用于文科类和艺体类教材。但是，由于文科教科书承载着比较复杂、多样的目标，编写者更加倾向综合性地使用这些技术，将主题、素材、活动、主体等交织在一起，形成一种立体化的课程资源。例如，自1994年起，浙江省尝试编写漫画故事式的德育教材，便采用综

---

① 范礼雄. 试教义务教育自然教材五年实验的回顾[J]. 课程·教材·教法，1995（9）：43－47.

② 吴志华. 义务教育生物实验教材（人教版）与课程目标适切性研究[J]. 课程·教材·教法，2003（4）：51－54.

③ 张颖. 新课程高中物理教科书呈现方式的研究[J]. 课程·教材·教法，2011（5）：76－81.

④ 刘道义，司延亭. 力求好教好学：初中《英语》第三册修订说明[J]. 课程·教材·教法，1983（4）：45－47.

⑤ 同④.

合设计的体例，将课文标题、漫画故事、问题与思考、学生活动作业和家长反馈等课内外环节要素作为一个整体加以编排。①

五、文段支持技术

在文段层次上，学科教科书编写者能够发挥较大的主动性，创造出促进学生理解的多样学习支持技术。下文择取其中两种文段支持技术进行举例说明：（1）对比转化技术，即编写者利用教材中的先前内容，运用必要的语言规则转化其表达形式，形成新课节的内容，如部分中学数学教科书在处理"对数"的定义时，通过指数式与对数式的比较和互化，不仅有助于学生理解对数的含义，还能帮助学生掌握从定义求对数的方法；（2）类比技术，即编写者利用学生已有经验来比喻说明比较复杂的学科知识。以化学教科书为例，编写者可以用书架比喻电子能层，用投篮时篮球在球筐环边转动的瞬间代表活化状态，用高处花瓶掉到地面上成为碎片来说明位能降低和熵增加的过程，等等。②

六、支持技术小结

在教科书编写过程中，编写者只有用心地整理"多数学生"遇到的学习问题，并掌握学生发现和化解问题的操作手段，将之以合理的方式转化为学习支持技术，才能让学生有方法、有效率、有效果地理解教科书及其课程内容。从历史发展过程来看，不同学科教科书应用学习支持技术的范围和方式存在较大差异。与文科类教材相比，理科教科书的学习支持技术类型更多样化，覆盖面更广泛。但是，面向未来的核心素养教育，各科教科书编写者都日渐关注主题单元的教学方式，并尝试综合运用学习支持技术，开展各种必要的学科学习活动，从而实现学生素养的充分发展与整合。

在课节层面上，我们需要借助教育心理学研究手段，科学探究技术应用的效果问题，以避免无效应用的同时提高应用质量。例如，在过去很多教科书编写者都知道简洁、形象的图像能够促进学生对课文的理解，但却不知道简洁和形象的

---

① 刘力，谢玲玲. 小学道德教育中的漫画故事教材教法[J]. 课程·教材·教法，1999（6）：21－24.

② 武永兴. 谈谈中学化学教材中的几个问题[J]. 课程·教材·教法，1983（4）：12－16.

标准究竟是什么。如今，相关研究者通过眼动实验对此给出了比较明确的答案：被试对插图的注视情况与插图所包含的特征点数密切相关，而插图的类型不是影响学生视图效果的主要因素。插图中的文字标识有助于学生对相关特征点的注视。① 在有些情况中，心理研究结论虽然不能向编写者提供具体的技术解决方案，但有助于提升他们的技术创造和应用意识。

目前，学者尚未大规模探索这些学习支持技术应用的效果，更多的是借鉴教育学原则或心理学规律进行推测和解读。但是，在教学实践过程中，某些内置于教科书页面的学习技术可能不会自动发挥应有的作用。此时，教师需要帮助学生关注技术带来的教科书特征，或者转化为促进学生学习的机会，将页面形态的技术转化为实实在在的学习技术。无论如何，学习支持技术应用的效果都应当进行实证性验证。只有这样，课程资源和教学方法在教科书上的呈现方式才能不断合理化，从而更好地优化教学实践过程和提高学生身心素养。

值得注意的是，学生进入学习过程的重要前提是学习活动的意义性。意义在于学习活动具有使主体实现所学内容与现实生活相联系的功能。② 学生在先前的对象性活动和实践性交往中，掌握了丰富的关系和对事物的理解，影响着他们接触世界的欲望、理解事物的视角和接受文化的范围。这就意味着，编写者编写的教科书内容必须反映、贴近或符合学生的现实经验生活，同时在教科书中提供机会、形式和内涵都丰富的体验活动，包括交际、科学、生产、文化和社会等方面，让他们切身感受到所学内容对于自我生命的完整价值。这是以上各种学习支持技术真正具备教育价值的根本性支持基础。

---

① 姚宝骏，丁树良. 中学生物教材插图识别特征的眼动研究［J］. 课程·教材·教法，2018（2）：103 – 109.

② 阿·尼·列昂捷夫. 活动 意识 个性［M］. 李沂，等译. 上海：上海译文出版社，1980：105.

第三节　学习巩固技术

在课堂学习和课文理解的过程中，学生由于受知识经验和思维能力的限制，可能在认知过程中出现种种偏差，如无法系统、熟练地掌握学科知识与技能、过程与方法等，并可能对未来学习造成潜在的威胁。因此，教科书编写者通常在课文系统之后设计必要的作业系统，通过多种类型的习题来巩固或整合学生的课堂学习收获，使他们有系统、有深度地理解教科书及其内含的课程内容。

自清末始，部分教科书编写者就已在学科教科书中设计作业，力图保证学生知识理解和技能训练的效果。改革开放后，作业和练习系统基本上都成为各门学科教科书的标配。进入 21 世纪，部分学科教科书编写者逐渐淡化作业的存在感，并将该部分功能转移至课文系统或辅读系统，以贴合课程改革所要求的课程教学理念。下文将以家庭作业或实践活动为重心，讨论学习巩固技术的具体存在形态。

一、学段巩固技术

在学段系统中，由于学科内容内部通常存在较大的性质差异，因此较少运用学段学习巩固技术。只有中学数学教科书经常运用学段匹配技术组织课后习题的编写，即针对同一学段学生学业水平的现实差异，设置有难度梯度的练习题，让学习水平高一点的学生能得到较快的发展，中等水平的可往上跳一点，而水平低一点的学生只要求达到某一水平。[①] 以人教版初中《义务教育教科书数学》为例，初中教科书的习题包括"复习巩固""综合运用"和"拓展探索"模块。

---

① 当前我国基础教育的课程、教材问题：全国政协教育组部分委员座谈纪要[J]. 课程·教材·教法，1989（6）：1-9.

二、学期巩固技术

通常而言，作业设计的基本规则是积极地匹配各个单元或课节的内容与要求，帮助学生掌握单元或课文内含的知识与技能、过程与方法、情感态度与价值观等。在学期系统视野下，作业系统与课文内容应当在内容组织技术应用方面大致保持一致。但是，学科技能和学科方法并非完全体现在具体的课节知识上，所以不必具有一一对应的绝对性关系。在某种程度上，它们可以脱离具体知识的束缚而存在，并且具有相对独立的养成机制。因此，从学期系统来看，作业系统与课文系统在内容表达方面存在较大的差别，甚至自成体系。

与先前的学期导言相对应，部分教科书会在最后提供期末检测套题，供学生检测和巩固全册内容的学习效果，或者附录全册的核心要素和核心概念等，帮助学生建构课程全貌。例如，在人教版初中《义务教育教科书　英语》（1983 年版）中附有本册出现的按字母顺序排列的总词汇表（包括习惯用语）。每个词都加注音标、词类、词义和该词（或习惯用语）第一次出现的课次，供学生复习时查阅。①

在很多情况下，教科书编写者会在设计具体作业的过程中，相对独立地使用某些内容组织技术，来帮助学生逐步掌握甚至熟练应用相对复杂、难度偏大的学科技能。以人教版小学《义务教育教科书　数学》（1984 年版）为例，该册教材运用要素重复出现技术，在集中讲解口算方法后，在后面的作业中不断地设计口算习题，帮助学生逐步提高口算的熟练程度，便于他们循序渐进地掌握所学的四则口算。②

三、单元巩固技术

20 世纪下半叶，各科教科书编写者大都已将知识与技能当作课程学习的主要目标，习惯将课文看作知识呈现的页面形态，将作业看作技能训练的页面形态，并积极运用习题检测技术帮助学生复习单元内容和提高学习质量。甚至很多

---

① 刘岩，万大林. 减少枝节，突出主干：初中《英语》第四册修订说明[J]. 课程·教材·教法，1984（1）：67 – 69.

② 刘淑玉. 小学实验课本数学第四册简介[J]. 课程·教材·教法，1989（Z1）：63 – 66.

科目编写者同时应用单元总结技术和习题检测技术来深度地巩固学生的单元学习效果。以人教版《普通高中教科书 地理》（必修）为例，该教材每个单元设置"自学园地"，其中分为"阅读篇""技能篇"和"练习篇"进行内容设计，让学生在扩展视野中加强对基本知识和理论的理解，在技能学习中理解学科知识与学科技能的关系，在练习应用中发展分析问题和解决问题的能力。[①]

进入 21 世纪，课程改革理念发生转变，知识与技能、过程与方法、情感态度和价值观都被看作学科的内部组成部分。在这种背景下，文科类教科书编写者逐渐加强课文系统内部的技能训练设计，在单元末尾减少习题检测技术的应用，或者增加探究活动技术的应用。理科类教科书编写者逐渐改善单元习题设计的类型与质量，并加强单元作业系统的探究活动设计。在某种意义上，习题检测技术在单元内容结束后的应用方式转变离不开教科书编写者长期的经验总结。

在文科类教科书的单元检测方面，探究活动技术常常具体表现为问题锚定技术。以人教版《普通高中教科书 地理 必修第二册》（2017 年版）为例，单元的"问题探究"是"如何看待农民工现象"，在提出具体问题后阐述了课题探究的思路建议，并以"知识拓展"的方式提供了三个资料："农民工对我国经济发展的贡献""数百万农民工返乡创业""怎么解决农民工所面临的难题"，系统地支撑学生对真实问题的有益探索。

四、课节巩固技术

在课节层面上，作业设计的重要目的是帮助学生及时诊断和增强课节知识学习与技能训练的效果。在 20 世纪的教科书编写实践中，各学科教科书编写者大都运用客观题的形式（如选择题、判断题、填空题、应用题等）编写课节作业，重点目的在于帮助学生查缺、补漏、纠错。从历史发展来看，在课节层面上，这些作业与课文在内容方面大都具有直接的关系，并且相关题型的功能都已得到教育心理学的充分研究。下文将围绕课节作业的编排方式进行重点探讨。

在数学教科书中，课节作业编排方式是多样的，主要包括以下几种：（1）情境变式技术，即参照例题的基本结构，在练习中安排稍有变化的题目，避免学生

---

① 陈计兵. 高中地理新教材中"自学园地"的运用[J]. 地理教学，2006（11）：23.

机械套用解题公式，培养学生灵活的解题能力；① （2） 难度递升技术，即先行提供模仿性的题目，以帮助学生掌握新知识，然后提供叙述或练习形式有变化的练习题，使学生进一步巩固所学的内容，最后提供混合练习题、综合练习题和有难度的练习题，以培养学生分析问题和综合运用知识的能力；② （3） 前后比较技术，即联系先前所学知识设计题目，加强概念或原理之间的联系和区别，以便于学生更好地掌握所学新概念。③ 这些技术在科学类教科书中也得到了非常广泛的应用。

在语文教科书中，范例模仿是一种特色的学习巩固技术，即编写者参照选文的具体内容，先提供例子供学生进行结构性理解，然后要求学生遵照其中的结构进行写作或表达。从整个发展历史来看，语文教科书中的作业题型大都具有这种技术的影子，只不过不同时期编写者应用程度和维度存在差异而已。

在思想品德类教科书中，比较有特色的学习巩固技术是自我卷入技术，即编写者根据学生日常生活常见的问题情境，引导学生将自己置身其中，帮助他们反思或改进自己的行为表现。例如，人教版小学《义务教育教科书　品想品德》（1988 年版） 的编写者在课文《尊敬老师》后，设计出这样的题目："去年从小学毕业的同学，在街上遇到小学老师，有的扭过头去装作看不见，你对这种情况怎么看？"便是这一技术的典型应用。

五、巩固技术小结

整体而言，在课节层面上，课文系统与作业系统具有相互依赖的关系：正文系统提供作业系统的知识或技能前提，作业系统则针对课文系统的知识、技能或者情感进行强化。在单元和学期层面上，课文系统与作业系统具有相对独立的关系。毕竟，知识与技能具有不同的性质、不同的养成方式；作业系统需要在学科技能养成方面形成特色的组织方式，构建出适合学生独立学习形态的最近发展区。

在近现代教科书发展过程中，各门教科书编写者努力从学习设计角度出发，

---

① 杨刚. 小学实验课本数学第七册简介[J]. 课程·教材·教法，1990 (8)：22，29 – 31.

② 刘淑玉. 小学数学教材改革的回顾与探讨[J]. 课程·教材·教法，1985 (1)：18 – 23.

③ 刘淑玉，刘意竹. 五年制小学《数学》第八册修订说明[J]. 课程·教材·教法，1984 (1)：73 – 74.

探索支撑学生自主学习的有效路径与方式，并在学习引导、学习支持和学习巩固等方面创造出了丰富的教科书技术（如图5-1）。在当代，教科书编写者秉持核心素养教育理念，继续探索学习技术的新形态，以努力落实公平而有质量的教育。在这些技术的帮助下，学科教科书将能够超越普通师生的教学实践，传播优秀师生的教学和学习经验，以便让每个学生都有机会接触最佳状态的学习指导。

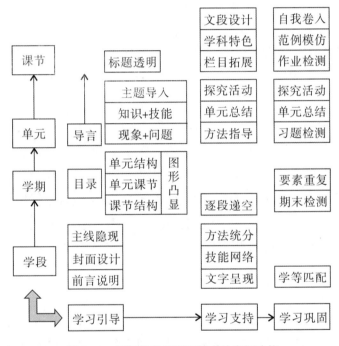

图5-1 我国教科书学习技术的发展脉络

由上可知，教科书虽然是课程内容的表达载体，却不能限于学科内容，需要扩展至课程内容的学习过程。教科书的各种非文字符号和结构性符号不仅仅是知识的载体，也是教育理念和文化的体现，是一种外化的心理图式或认知结构。①在编写教科书的过程中，设计者需要预设学生学习的经验基础、课堂行动和可能达到的效果，合理地运用语言符号和表达技巧，以贴近原本生活的方式书写课程内容，构造立体、生动和具体的师生—教学—知能网络。

---

① 惠凌峰. 浅析中小学教科书中非文字符号的认知特性[J]. 课程·教材·教法，2008（12）：61-66.

第六章

教学设计视域下的教科书技术

人的活动是社会价值存在和发展的本源，也是个体发展的源泉。在学校教育实践中，教学设计是课程内容转化为师生活动，进而转化为学生素养培养的关键环节。在这一过程中，教师需要综合考虑和精心安排教学对象、教学内容、教学目标、教学手段等元素，借助各种各样的资源条件，合理地安排学生学习活动和班级交往活动，创造学生发展所必需的活动环境，以期将课程内容转化为学习主体的意识和能力。面向知识时代，教学设计是为促进学习者发展创设学习环境的思维方法。①

在我国传统课堂教学实践中，教材不但是学生学习的依据，同时还是教师教学的依据，因此教学性不仅是教材的本质特性，同时它应成为教材建设的核心灵魂。② 在教材编写过程中，教科书编写者应当深刻理解教材"二次开发"的过程，包括作为课程情景化的过程，作为课程重构过程，作为多元主体的"对话"过程，作为课程教学一体化的过程以及作为教师专业发展的过程，学会站在教学设计的角度逆向思考和审慎设计学科教科书。③ 一旦完成编写并投入实施，教科书就真正地会成为教学活动的镜像。

在传统教学实践中，教师用书是教师教学必备的课程资源。从学科内容的角度来讲，教师用书依赖于教科书，是遵循教科书体例结构而进行的系统性补充。它包括每课的教学目的和要求、教学要点、教材分析（说明教材编写的意图、教学的重点和难点）、教学建议（说明教学中应注意的问题，根据教学实践提出教

① 钟志贤. 面向知识时代的教学设计框架[J]. 电化教育研究，2004（10）：18-23.
② 曾天山. 教材论[M]. 南昌：江西教育出版社，1997：14.
③ 俞红珍. 教材的"二次开发"：涵义与本质[J]. 课程·教材·教法，2005（12）：9-13.

法建议）、参考资料以及典型教案或课堂教学实录。① 但从教学设计的角度来讲，教师用书又独立于教科书。教科书只是局部、隐性地内含着教学设计，为教师指导和学生学习提供行动指导内容，而教师用书则相对完整、显性地呈现出教学设计，为教师指导和学生学习提供活动模板。

根据本书定义，教师用书可算作特殊形态的教科书，是专供教师使用的教科书。它重点是对学科内容进行综合性分析，对师生交往系统进行综合化设计，对课程资源和教学方法进行综合性管理，是以优化教学实践过程和培养学生身心素养为目的的研究与应用。本章将从教学设计的视角，以学生用书和教师用书为审视对象，分教学分析、教学统筹和教学构件等部分审视教科书教学技术体系，以此发现教科书服务教师教学的路径，为数字教科书研究提供更多的技术性依据。

第一节　教学分析技术

在传统教学实践中，教师需要围绕教科书分步进行教学分析：一是钻研教材，通过钻研教学大纲、参考资料（尤其是教师用书），了解学科教学目的，掌握教材体系、基本内容和教学方法上的基本要求，统观全局，抓住主线；二是了解学生，了解他们的知识、技能掌握的范围和质量，学习兴趣和学习态度，思维特点、自学能力和学习习惯等，进而预测他们在学习新教材中可能出现的问题。② 本节将分学段、学期、单元和课节等层次，尝试对教师用书内含的教学分析技术进行阐述。

一、学段分析技术

在学段意义上，清末民初教科书中的"编辑大意"就承担着教学分析的功

---

① 宋殿宽，王玲，贺允清，等. 小学思想品德教材简介[J]. 课程·教材·教法，1989（12）：3 - 4.

② 中国大百科全书出版社编辑部. 中国大百科全书：教育[M]. 北京：中国大百科全书出版社，1985：20.

能。此时的编辑主要运用学生静态要素分析技术，主要是从学生身心发展的目的、阶段、心理和资源等维度，相对松散地阐明教科书应用所应遵循的教育目的、所需关注的课程内容以及应了解的学生心理等基础性内容。当然，可能受制于编写者的教育知识与心理知识水平，此时所撰的"编辑大意"只是对具有相对较浅的内部逻辑关系进行阐述。

示例 6-1：共和国教科书新算数　编辑大意

本书以增进共和国民计算之智力为目的，用适宜方法，顺儿童心意发达之序，予以生活必需之常识。

本书程度，大段分为四级。第一级，二十内之加减乘除。第二级，百以内之加减乘除。第三级，通常之加减乘除。第四级，简易小数及诸等数。

生徒个性，于习算尤为不齐。教育本旨，在于普及，与使鲁钝者仰企而莫及，宁使聪敏者熟练其已知。故本书程度，取渐进，不取骤进。

笔算必由心算导入，本书即包括心算在内。

……

本书授数，兼采直观主义数数主义，而初步授数，尤以直观为重，故第一二册，图画独多。

本书问题材料，皆取生徒日常经验之事，或他学科所已授之事，以及将来涉世切于实用之事。[1]

清末民初教科书编写者开始给教科书配套教师用书（当时称为"教授法"）。其中，"例言"可被看作学段意义上的教学分析，编写者主要运用教学静态要素分析技术，从教学原则、教学工具、教学内容和教学方法等维度，相对整体地阐述教科书应用活动所需注意的主要事项。这样，教师通过阅读"例言"能够初步了解成套教科书背后的教学逻辑。在某种意义上，这两种技术也可算作静态、粗浅的教学统筹技术，有助于教师初步统筹应用教科书的关联要素。

示例 6-2：共和国教科书 新国文教授法一 例言

本书依据教科书，按册编辑，专供教员之用。

本书每课首载教科书本文。凡属生字，于字旁加双圈。其有已见之字而音义

---

[1]　寿孝天. 共和国教科书新算数（初等小学用）：第 1 册[M]. 北京：商务印书馆，1913.

皆异者，亦作为生字，但于字旁加单圈以为别。

本书按照教授法之原则，分为教具、教授上注意之要项、应用三类。凡教员应行注意之事，无不详为开列。

教授小学生，宜注重直观。故本书于教具类，凡遇到应备之实物，必一一开列，以为教授时，指示之用。如无用教具，则缺之。

应用类分为语言、文字、事实、习问诸项。自第三册起，酌加提问，每课不必备列。惟至少在二项以上。

自第三册以下，如有事实当参考者，则增参考一类，以省教员临时检查之烦。

本书于卷首附教授实例二课，以示教案之模范。①

21 世纪初，教科书编写者在编写教师用书的过程中，开始使用教学动态要素分析技术阐述相应学科教科书的特征。以人民教育出版社出版的小学《义务教育教科书 品德与生活》为例，教师用书在"给教师的话"中运用了多种教学分析技术，指出了教科书的具体特点：其一，主旨线索揭示技术，编写者站在学期教学的视野下提出学期教科书的内容主旨，帮助教师理解教科书的课程教学理念，明确教材载体与课程设计的内在关系主要以学生的现实生活为基本线索，选择与学生生活关系紧密且切实需要的内容，按一定的时空顺序整合成各个单元序列，引导他们进行综合地学习和思考；其二，教学设计支持技术，编写者通过揭示教材支持教学设计和课堂实践的路径，帮助教师明确学科知识转化为教育教学活动的合理性和具体机制，突出活动性和"做中学"的特点。通过创设活动情境、编写典型范例、设计思考问题，为学生创造更为广阔的自主学习和实践的空间，同时又考虑教学的实际情况，活动的设计尽可能简便易行，具有较强的可操作性；其三，学习支持分析技术，编写者揭示教材支持学生阅读与理解的方式，帮助教师引导学生学习并掌握其中包含的素养，如突出图画和图片呈现的特殊作用：图文并茂，以图为主，采用儿童的语言和学生喜闻乐见的形式，增加教科书的趣味性、可读性、启发性和指导性。

---

① 秦同培，庄俞. 共和国教科书新国文教授法一（初等小学用）[M]. 北京：商务印书馆，1912：1-4.

在核心素养教育实施之后，小学阶段教师用书倾向从教材内容视角，运用分层性质排列技术对教科书相关要素进行教学分析，通常包括宏观层次（教科书的指导思想与编写依据、教科书的特点）、中观层次（具体学段教科书的结构）和微观层次（即教科书微观结构的特征，如以学习为中心）等组成部分。部分小学科目运用教师用书转化教学要素分析技术，创造出了带有特色的学段教学分析技术。例如，人教版《〈义务教育教科书　道德与法治〉教师用书》（2017年版）在"卷首语"中运用教学过程排列技术阐明了自身的存在意义，即解决"教学目标精确化""教学情境化"和"教学过程和方法多元化"等问题，帮助教师转化思想和学会用教材教。人教版《〈义务教育教科书　英语〉教师用书》（2017年版）在"教材概述"部分运用载体形态罗列技术说明了教材的组成，包括学生用书、活动手册、教师教学用书、教师教学卡片与学生卡片、教学挂图、同步解析与测评、录音磁带、教学参考多媒体资源、数字教材、人教数字校园、小学生英文写字等。

相较而言，中学阶段教师用书更多地运用编排体例引导技术，陈述自身解读教科书的编排体例，引导教师形成理解和运用教科书的系统性框架。例如，人教版的初中《〈义务教育教科书　道德与法治〉教师用书》（2017年版）在"编写说明"中指出改善的编排体例包括单元立意、内容结构与主要观点、教学目标与设计依据、内容分析、教学建议、评价建议、重点与难点问题解析等。实际上，在传统教育实践中，小学教师用书也常常使用编排体例引导技术，说明对学段教科书进行教学分析的结果。

二、学期分析技术

从整体来看，在学期层面上，仅有少数教师用书会针对相应学期的学科教科书进行比较简单的整体性教学分析。以人教版小学《义务教育教科书　数学　三年级下册》（2017年版）为例，教师用书在学期层面上仅仅概述了对应教科书的"教学内容和目标"，在"教材的编写特点"部分重点阐述了本册内容与课程标准的匹配性程度。之所以造成这种情况，一方面是因为部分学科的学段分析已经覆盖了学期层面的分析结果，编写者没有必要重复阐述相关的内容，另一方面是因为学期内部的课程内容之间存在较大的性质差异，编写者难以发现和阐述其中内容的整体性、实质性关系。

三、单元分析技术

改革开放后，各科教师用书开始从内容、学生和教学等视角进行单元层面的教学分析。这些教师用书运用的单元分析技术融合了学生静态要素和教学静态要素，主要包括目标预设、课时预设、主题说明、地位说明、立意说明和教学提示等方面。在 21 世纪课程改革之后，教师用书更多地遵从三维目标理念，包括情感态度目标、知识和能力目标、过程和方法目标，帮助教师系统地把握教材编写的基本方向，更好地完成教学过程和结果评价。在此过程中，编写者更加倾向于采用学习动态要素分析技术，来阐述教材内容转向学习过程的可能方式。（如示例 6 - 1）

示例 6 - 1：人教版《义务教育教科书　语文　七年级上册》（2001 年版）第二单元单元说明

在理解课文内容方面，要联系自己的人生体验，深入思索，反复咀嚼，领悟课文深长的意味。同时要注意学习课文的表达技巧。在阅读方法方面，要继续练习朗读，提高朗读水平。

引导学生以自主、合作、探究的方式学习本单元，要根据课文特点，灵活运用多种教学策略。《理想》富有哲理性，要善于调动学生的生活经验，去理解哲理。《短文两篇》有叙有议，要抓住议论，探究"议"与"叙"的内在联系，审图理解课文内容。《人生寓言》比较含蓄，要注意准确地概括寓意。《我的信念》自有作者的思路，要全面把握课文内容则要知道学生按逻辑顺序加以梳理。《〈论语〉十则》是文言语录，要弄懂，熟读，深思，牢记。

朗读训练的要求应该有所提高，发音、停顿、重音、语调、语速和感情诸方面，都要给以扎实有效的指导。

本单元的综合性学习，以"漫游语文世界"为主题，沟通课堂内外，引导学生注意生活中的语文现象，一方面从中汲取营养，一方面干预语文文字使用中的不规范现象，在实践中锻炼口语交际能力和写作能力。

四、课节分析技术

在教学操作的意义上，教师用书课节层面的教学分析更有可能实实在在帮助教师力行地从事教育教学活动，贴近教师生活，吸引教师阅读，能够引领教师去寻找教育教学大智慧。① 在清末民初阶段，学科教授法便已通过"教授上注意之要项"部分，从教学行为、教学内容、指导方式等方面进行教学分析。由具体内容可见，教科书编写者主要运用主题说明和教学提示等技术，对教材进行课时层面上的教学分析。

示例 6-2：共和国教科书 新国文教授法一

第一课

正文　人

教具　人之挂图及鸟兽挂图

教授上注意之要项

（一）本课预备段设问可就挂图或书中图画，先行指问学生，使知长者幼者统谓之人，次就实处指问，使知校中教员生徒亦统谓之人。为人者，本儿童所已知，经此指问，则对人之观念益确。

（二）本课图大小凡七人，七人之中，大人四小人三，大人之中，男人二、女人二、小人之中，亦有男女之别，务令学生审辨明白。

……

（五）鸟兽虽为生物，虽能动作，能饮食，然其智识能力，远逊于人。故人为万物之灵。（以上两项，陈义不可稍涉高深，以幼童能领会为限）

……

（七）人字属半舌半齿音，作开口呼。（凡字属某某音者，不必告学生，惟使其呼法合式足以）

（八）人字两笔，左为撇，右为捺，写法先撇后捺，自上而下。②

改革开放后，教师用书课节层面继续增加教学分析技术，主要包括重难点提示技术和答案提示技术，帮助教师掌握课堂教学中的核心内容，知晓教材习题的作答方向，拓展学科知识与技能等。教师用书提供越来越具体的教学目标和教学建议，核心目的在于帮助教师减轻备课负担，腾出更多的时间研究学生的困难和

---

① 金语. 话说"教师用书"[J]. 西北成人教育学报，2005（4）：1.

② 秦同培，庄俞. 共和国教科书新国文教授法一（初等小学用）[M]. 北京：商务印书馆，1912：1-4.

问题，根据实际需要改进教学，提高教学质量。①

第二节　教学统筹技术

　　基于教科书和超越教科书是教师使用教科书的基本原则。因此，教师要努力成为教科书内容的把关者、转译者与开发者；充分挖掘适合学生的学习资源，让学生成为学习内容的决定者与建构者；教师与学生进行平等协商，师生在对话中共同建构学习内容。② 这就要求，教师必须跳出教科书的页面视野，完整、鲜活地理解现实生活与学科实践，发现学生发展的起始点，找准学生学习的疑难点，探索学生指导的关键点，借以为学生设计优秀的教学活动。

　　教师若要实现上述理想状态，还需要认真地组织教材，一般要求做到条理清楚、层次分明、逻辑严谨、重点突出、观点明确、论据充足、难易适度、详略得当。③ 教师只有全面地统筹和运用教材内含的因素，才能让学科内容有序地进入教学过程，进而转化为学生的学科素养。基于此种考量，在中国历史的各个时期，教科书编写者都会运用教学统筹技术，将课程理解、教学理解和学生理解的起点、过程、结果等进行要素化，以操作形态呈现或整合于教科书和教师用书中，帮助教师合理且高效地进行课堂教学设计。

一、学段统筹技术

　　在认识论的意义上，"分析"与"综合"是相辅相成、相反相通的思维过程。通常地讲，教科书编写者很少在教师用书上运用特别明确的学段统筹技术，对学段内容进行整体性说明。但是，这并不意味着学段统筹不存在。如前所述，

① 人民教育出版社外语室英语组. 谈九年制义务教育初中英语教材的编辑指导思想[J]. 课程·教材·教法，1990（6）：15－18.

② 王世伟. 论教师使用教科书的原则：基于教学关系的思考[J]. 课程·教材·教法，2008（5）：13－17.

③ 中国大百科全书出版社编辑部. 中国大百科全书：教育[M]. 北京：中国大百科全书出版社，1985：20.

教师用书可以运用教学分析技术，逐个段落地对学段教学进行分析说明；反过来讲，这些段落聚集在教师用书页面上，也算作对相关教学要素进行了某种程度的规整与综合。可见，教学分析和教学统筹具有很强的关联性。只不过，这种教学统筹缺乏一种纵观全局的技术性形态表现。

与教学分析的焦点变迁相似，教学统筹的内容将逐渐从关注教学的静态要素（如民国教科书中的"编辑大意"包括教学原则、教学内容和教学方法等），转向关心教学的动态要素（如当代教科书中的"给教师的话"包括教学目标、教学情境、教学过程、教学方法和教学评价）。我们相信，未来教科书编写者会在教师用书上提供可操作的教学统筹技术。在某种意义上，课程地图就是一种的统筹技术的呈现形态，它能够将教学计划和教学过程以图表方式可视化地表现出来，从而活化传统的教学计划和教师教案①。

二、学期统筹技术

在学期层面上，教师用书常常使用教学统筹技术对教科书的要素构成、编排方式、教学应用等方面进行整体性说明，帮助教师理解教材的编排思路和应用路径，主要技术如下。

1. 学生能力统筹技术，即编写者统筹考虑班级不同学生的素养状态，因地制宜，因势利导，因材施教，提供包括不同方式、不同要求甚至不同内容在内的教学活动（示例6-2）。

示例6-2　人民教育出版社　2013版英语教学用书四年级下册　前言

七、教学方法建议部分

7. 趣味故事教学

每个单元C部分中趣味故事的作用不仅仅是给学生带来乐趣，更重要的是为学能较强的学生提供语言拓展内容，以达到分层次教学的目的。

（1）对于理解力强、记忆力强的学生，要求做到理解故事、会讲故事、表演故事，并鼓励他们运用故事中新的语言。

（2）对于中等学生的要求是理解故事，能够跟录音指图讲故事。

---

① 董文娜，巩建闽. 课程地图是什么[J]. 教育发展研究，2014，34（17）：56-64.

（3）对于接受能力较弱的学生，只要求理解故事，能够跟录音指图即可。①

2. 教学设计引导技术，即编写者根据学生发展目标，立足教材主体内容，提出教师联结相关要素并实施教学活动的可行路径。以人教版《〈义务教育教科书　英语　四年级下册〉教学用书》（2013 年版）"前言"为例，建议教学评价分两部分进行：第一步研究教材内容，设定单元预期的教学目标；第二步依据课程标准和单元预设目标设计评价活动，并提供局部的具体案例。借助这样的说明，教师在教学设计阶段便可以关注教学评价，并提前做好必要的评估准备。

3. 教材编排提示技术，有些教师用书会择取部分教材要素（如内容组织形式、选材标准、呈现方式），粗线条地揭示教材编排的核心理念与重要特征，帮助教师直接理解编写者编写教材的教育立场和基本思路（示例6 - 3）。

示例6 - 3　人教版《义务教育教科书　语文　一年级下册》　前言

二、教材内容及其编排

本册教科书以专题组织单元，以整合的方式组织教材内容。……

三、教材特点

（一）围绕专题组织教材内容，加强整合，便于培养学生的语文素养。……

（二）安排独立的识字课，内涵丰富，形式多样。……

（三）大幅度更新课文，使教材更具有时代感，更贴近儿童生活。……

（四）大力改进呈现方式，使教科书成为学生喜爱的"学本"。……

三、单元统筹技术

如前所述，随着核心素养教育的实施，教科书单元在教学实践过程中占据着越来越重要的地位。它不仅是学生学习大概念的必要信息单位，也是教师进行STEM（科学、技术、工程和数学教育的总称）教育的基本时间单位。在单元教学实践中，教师与学生能够进行更为充分、全面和综合的教学交往，并且更为立体、动态和深度地触及人类社会实践活动。

在单元层面上，现今编写者可以在教科书中运用单元导读技术和目标提示技

---

① 人民教育出版社课程教材研究所英语课程教材研究开发中心. 义务教育教科书教师用书：英语：PEP 版　四年级 下册[M]. 北京：人民教育出版社，2013：14.

术，揭示单元教学的内容主线，也可以在教师用书中运用教学提示技术或学习动态要素分析技术，提出单元教学的行动主线。无论哪种路径，编写者都能对单元内部各个课节的内容素材与教学活动进行统筹性处理，帮助教师综合化考量课程资源和教学方法的管理、设计与实施。未来，教科书编写者或许需要从单元教学与 STEM 教育教学中提取更多的技术性经验，实现单元统筹技术的应用品质提升。

四、课节统筹技术

在课节层面，编写者可以综合化设计和呈现教科书的目标、正文、栏目和作业等内容，支持学生统筹课程内容的整体或局部学习过程，常见的方式一种是通过页面的上下结构和左右结构关系，整合页面所有的课程内容元素，帮助学生依照时间先后顺序学习课节正文内容。另一种方式是通过学习活动的呈现，体现课堂所有的情境活动元素，帮助学生群体进入特定的活动模式。例如，英语教科书普遍运用两人活动、小组活动和排行活动等形式，解决班级较大和学生言语实践量不够的问题，并采用形式多样的小组活动，如角色表演、游戏、项目、戏剧以及讨论等，促进学生互相支持，加强团队意识和集体观念。①

在教师用书方面，清末民初学科教授法通常会应用教授样例技术，主要提供教师和学生的对话过程以及教师的板书的样例（如示例6-7）。改革开放后，教科书教师用书编写者逐步将教授样例技术精致化为教案样例技术，针对课文教学提供完整或局部的教案样例，展示课文内容在教学设计中被选取、重组和应用的效果，帮助教师直观地理解教科书的转化过程，明确师生使用教科书的方式，以及掌握可能出现的问题和解决方法。从实践效果来看，教案样例技术可以促进教师素养的提升，也可能限制教师素养的发展。

示例6-7　共和国教科书 新国文教授法

第一课

正文　人……

应用

———

① 刘道义. 英语：新课程所引起的教材变革[J]. 课程·教材·教法, 2002 (9)：44-47.

（一）语言　教员先告以大人小人等，统用此人字。

（二）事实　先生可称人，学生亦可称人，男子女子均可称人。

（三）习问　世间生物，人之外尚有何物？鸟兽之智识能力，与人相同否？人何以胜于鸟兽？

附教授示例

预备

教员指图中之人问诸生曰：（以下省称教）图中为何？学生答曰：（以下省称生）人。

（教）画中几人？（生）七人。

……

发问最易启诱学生心思，惟年幼学生，几不知如何为问答。教员于教授本课之初，应将如何作答之处，反复讲明，并示以举手之式，乃告学生曰：以后每有问语，诸生自度能答者，先举右手为号，不能答者，不必举手。[①]

从历史发展的角度来看，教师用书能够针对特定课题不断地提供新鲜、有效和示范性的教学方案，在根本上应归功于优秀的一线教师能够不断地发明新方法、改进旧方法，同时乐于分享教学过程和教研成果。这也提醒我们：在教科书评估的过程中，相关人员"不能简单地评定'这是一节好课'或者'这是一节坏课'，而应当多方研究去探寻那些最能符合客观实际、效果最佳的教学步骤，而且要切实可行"[②]。

第三节　教学构件技术

在实践的意义上，教学设计是教科书进入教学场域的关键环节。在此环节，

---

① 秦同培，庄俞. 共和国教科书新国文教授法一：初等小学用[M]. 北京：商务印书馆，1912：1-4.

② 兰本达，陈明凤，陈伟，等. 那边山里有珍宝：简评中国小学《自然》教材、教法的改革[J]. 课程·教材·教法，1991（2）：9-14.

教师将根据学生的现实水平和发展目标决定如何引导课堂教学的发展过程，学生需要阅读教科书的哪些部分，学生以何种方式阅读选定的内容，甚至师生如何进行教学互动，等等。顺应教学设计的要求，教科书编写者也会运用教学构件技术，在教科书页面以适当的方式凸显其中的部分内容要素或活动形态，帮助更多教师以符合课程教学理念的方式进行教学设计。

一、学段构件技术

在学段层面上，独立编排技术是常见的教科书构件技术，即编写者先行按照性质划分学科内容，然后分配以独立的内容部分进行组织编写，以供师生选择应用于教学实践。这种技术应用于教科书编写实践后，主要表现为分册编排和分类编排等形态。例如，语文教科书通常把课文分成教读课文和自读课文，这种编排方式可以增加课本的容量，扩大学生的阅读量，同时给教师提供了灵活使用教科书的条件。① 其中，自读课文可被用作教师自由裁量使用或学生自主学习的构件。

二、学期构件技术

在学期层面上，"前言"和"期末检测"是典型的教科书教学构件，可被学科教师直接用于学期导入课和期末总结课的教学设计过程。以人教版《义务教育教科书 英语 三年级下册》（2012 年版）为例，"致同学"（前言）就是通过亲切的语言，引导学生在上学期内容的基础上，开始新学期内容的学习（如示例6-4）。在实践的意义上，教师可以直接套用"致同学"引导学生回忆上学期的主体形象，号召学生跟随主体形象，开始新学期的学习征程。

示例6-4　人教版《义务教育教科书 英语 三年级下册》（2012 年版）

致同学

欢迎你们来到英语学习的世界。

在这里你们将继续了解吴斌斌、Sarah、Zoom 和 Zip 等老朋友，还会认识新

---

① 人民教育出版社语文一室. 扎实、活泼、有序的提高学生语文能力：九年制义务教育初中语文教科书的编写[J]. 课程·教材·教法，1990（6）：11-15.

朋友张鹏和 Amy。你们会一起学习英语,一起长大。

……

亲爱的同学们,愿你们和书里的小主人公成为好朋友,一起度过这快乐美好的学习时光。

三、单元构件技术

在单元层面,编写者可以灵活地运用单元导读技术、目标提示技术、重难点提示技术、单元检测技术、答案提示技术等编写教科书,运用单元目标分析、单元内容分析、单元学情分析等方式撰写教师用书,以此建构单元教学的必备资料库,向教师提供单元课程的备课框架、目标指向、导入方法和总结路径等。

在教学实践(尤其单元教学)中,单元导言、单元总结和单元检测占据着非常重要的地位。它们能够帮助学生跳出每日学习的狭窄视野,学会站在更高层次上埋解学科要素的内涵及其关系,有助于学生进行学习的自我调节、自我反思和自我改进。在教学的意义上,这些构件组成可被视为课文的另外一种形式,其读者对象包括教师,也包括学生。有效地利用这部分内容,可以更好地调动学生学习的积极性。[①] 面向未来的教学实践和编辑实践,编写者应当提升单元构件创新的意识。

四、课节构件技术

如前所述,教科书由正文、助读、图像和作业等系统组成。从现实的教学实践来看,助读系统包括导读、活动、训练和资料等栏目,与作业、图像均可整体或部分地应用于教师的教学设计,成为教学活动方案的构成要件。正因如此,编写者常常运用栏目设计技术和学习指令技术,创设丰富的技能训练、课外阅读及综合实践等辅助性栏目,为教师和学生提供比较成熟的教学构件。另外,编写者还围绕正文内容创设了以下常见的课节构件技术,帮助教师合理地进行教学设计。

---

① 张鹏举. 试论中学语文教材的功能与结构[J]. 课程·教材·教法, 1997 (4): 30 – 33.

1. 形态区分技术。在编写正文的过程中，编写者根据字体的大小、颜色、正斜、间距等属性，运用不同的字体、边框、间距等直观手段，在页面区分具有不同重要性的词语、文段或板块，帮助教师有效地选择课文内容用于教学设计。如在教科书中用标题字体区分正文和事例两部分，正文部分用宋体，内容是教学和考核的主要部分，一般要求学生理解和掌握。事例部分用楷体，内容多为事实、实例，是为说明正文，帮助学生理解正文。

2. 会话表述技术。在陈述学科内容的过程中，编写者可以遵循语用学的规则和规范，采用设问、启发引导、设置悬念的话语形式，同时运用生动有趣的语句，而不单用平铺直叙、呆板的陈述式语句设计教师指导语言内容。这样，教师可以将这些语句直接嵌入教学设计当中，最终转化为教师的讲授、引导、组织讨论、实验演示、提问和自学指导等教学行为。

3. 人称设定技术。编写者在陈述内容时，可以运用第一人称的方式引导学生的自主学习，运用第二人称的方式引导教师教学和指引学生学习，运用第三人称的方式投射出学生学习的榜样。当然，编写者在实际创作工作中，应当秉持"教科书是师生对话平台""学生作为教材使用、技术学习的主角"的理念，通过合理的人称设定，拉近书本与学生、课本与教师、教师与学生的距离。例如，在《普通高中教科书　通用技术必修：技术与设计 1》中的"设计的一般过程"中，编写者以设计便携式小凳为情境，陈述了从发现问题开始，历经收集信息、设计分析、产品构思、方案优化、产品使用说明书的编制等一系列过程。①

五、教学技术小结

在中国近现代化（尤其改革开放）的发展过程中，教科书编写者逐渐关注到教科书在教师教学活动中的作用机制，并借鉴中小学优秀教师的教学实践经验，积极地以撰写教师用书的方式为教科书使用提供配套性支持。总体而言，教师用书能够从学段、学期、单元和课节等层面，在教学分析、教学统筹和教学构件等方面向教师教学提供诸多有益的技术性支持（如图 6 - 1）。

---

① 戈立. 普通高中新课程技术教科书编写探索[J]. 课程·教材·教法, 2005（3）: 86 - 88.

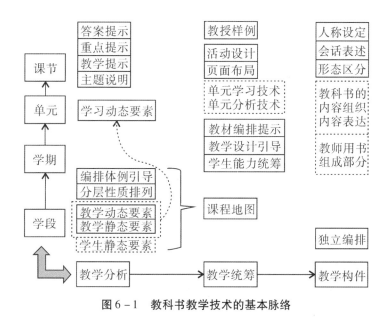

图 6-1 教科书教学技术的基本脉络

在某种意义上，学科教科书构成了最为广泛的教学构件集群，成为所有教师获取教学内容和教学技术的重要资源库。这得益于教科书编写者能够对原始内容素材进行精心改造。在教科书编写实践中，编写者会遵照社会价值导向和学科教育导向，合理地选择、科学地组织和有效地表达学科内容，使它们贴近学生经验基础和教师专业素养，进而具备优化普通教师教学设计与实践的重要价值。

在某种意义上，教学过程的实质是教师运用系统思维处理客观的自然与人类世界的信息，将后者以语言或动作的方式于课堂空间展开，并引导学生积极地感受、理解和内化教学空间的信息，最终灵活地融合于他们的身心系统。因此，在教科书编写实践中，编写者需考虑现实实践、教学实践和学习实践间的复杂关系，努力磨合其中各种工具与各种对象的相互关系，建构其间有效交互的可能性、可行性和可感性的学理基础。

在第四至第六章，我们从课程设计、学习设计和教学设计等视角对中小学教科书进行了相对独立的技术性解读。这并不意味着，这些设计理念只能以独立的方式来规定和塑造教科书技术的发展路径。在微观的课节层面，这些设计理念终须以学生特定知识与技能的掌握为根本，必须以操作形态呈现或渗透、统一并融合于教科书中，并为师生提供教学交往的直接载体，近现代纸质教科书已经很好地完成了这些基本任务。在中观的单元层面，相关设计理念需要围绕学生特定素养的形成为核心，努力以活动形态存在于教科书中，但是，由于活动内部元素与关系的复杂性，相关理念的落实可能存在一定的矛盾。

更重要的是，无论从何种视角来看，教科书技术都不是仅仅围绕教学技术和学习技术，以单调的方式进行机械化发展，而是围绕学生的生命成长和教师的专业成长，以复杂的方式进行生命化进化。从中国历史发展的顺序来看，在近代社会的教科书技术成型期，学段和学期、内容选择、基础知识构成主题框架。进入现代社会的教科书技术规整期，学期、课程设计和双基要求成为主题框架。在改革开放后的教科书技术改进期，课时和单元、内容和学习设计、双基要求逐渐成为主题框架。进入 21 世纪，单元和课时、课程设计和学习设计、三维目标成为教科书技术发展的核心框架。未来，单元并课时、教学设计和核心素养或许会成为教科书技术创新的重点方向。当然，这也是数字化教科书发展的认识论前提。

第七章

数字教科书的理想形态

任何教科书都是特定时代或特定社会的产物。在不同的历史时期，社会生活的内容与方式、知识存在的形态和时空、群体交流的范围和工具都存在诸多差异。这些历史特征支撑并限制着教科书及其技术的存在形式。例如，在封建时代，农业和家庭是主要的生活场景，儒家伦理道德是基本的行为规范，所有成员都过着简单且同一的社会生活。在这种历史条件下，传统蒙学教材多以生活常识为内容，以简短整齐和押韵对仗的句式为表达方式，方便学生的学习记忆和思想培养。

如前所述，教科书技术可以从人类发明、文化媒介和教学镜像等维度进行解读。从人类发明、发展的角度来讲，教科书技术的载体已经从身体走向纸质，并正在走向数字，甚至身体、纸质和数字的融合；从文化媒介发展的角度来讲，教科书技术的场景已经从现实生活走向课堂学习，并正在链接真实生活；从教学镜像发展的角度来讲，教科书技术的视野已经从课程设计走向学习设计以及教学设计，并可能走向课程设计、学习设计和教学设计的"若即若离"状态。在某种意义上，载体与场景的融合将帮助学生更好地发展学习素养，而视野的"若即若离"则能更好地支撑教研专家、教师和学生的自主发展。

但是，教科书数字化并不止于教科书的数字化。在现代经济生活变革的过程中，万物互联、人工智能、大数据等技术逐渐走进人们的日常生活，成为未来人们必须接受和掌握的社会入门技能。在技术化逐渐增强的当代社会中，社会成员如何获取和吸纳开放性资源，如何接触和理解复杂化世界，如何理解和发展自主性力量，如何置身和应对流动化情境，如何创造和传播个性化作品，如何构造和应对全球化社会等，将成为学校教育不得不思考的重要问题。或许，只有这些问题被思考清楚，教科书数字化才能找到真正的价值所在。

综合上述考虑，面向学生个体的未来发展，数字教科书技术的研究与实践应当积极借鉴具身理论、活动理论和联通理论的基本思想，努力实现身体教科书、纸质教科书和数字教科书的连续关联，进一步提升课程设计、学习设计和教学设计的品质性、互嵌性和独立性，以此支持不同地域、不同学校和不同教师建设公平而有质量的教育环境（如图7-1）。本章将主要依据联通理论的核心观点，站在学生核心素养教育、教师专业发展和学校经营等立场上，尝试勾勒出数字化教科书的可能形态。

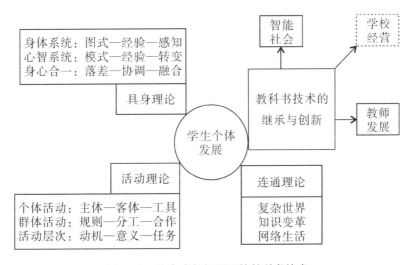

图7-1　生命成长视野下的教科书技术

第一节　为了智能社会生活

面对信息时代个体学习的社会化和学习情境的复杂化，联通主义逐渐成为学习设计的基础。[①] 该理论尝试综合混沌理论、网络理论、复杂理论和自组织理论

---

① 王佑镁，祝智庭. 从联结主义到联通主义：学习理论的新取向[J]. 中国电化教育，2006（3）：5-9.

等思想，从而发现信息化社会中知识理解、变革和建构的基本特征。① 本章结合基础教育的实际情况，选择联通理论的部分核心概念，包括复杂、变革和连通等，探讨数字教科书技术的时代背景、承继空间与可能挑战。

一、复杂世界与教科书数字化

人性是多样且动态变化的，人们的需要、工作动机会随着具体情境的变化而变化。② 在历史发展过程中，多元化的人性与多样性的社会文化相互促生，在近现代社会中，个体在婴幼儿阶段虽然过着相对简单的家庭生活，但已接触社会生活，并面对着社会的复杂性和不确定性。这种复杂世界构成了教科书技术不断变革的背景条件。

（一）文化的多样性

自近代以来，本土文化与外来文化相互冲击和促进，创造出丰富的文化成就，影响并形塑着国人的视野与思维。在教育领域中，各门教科书编写者大都积极吸纳学科发展的成果，不断探索学科内容及其表现形式的多样化，帮助学生适应不断变革的社会。但是，受制于纸张载体的限制，这些教科书大都选择主流文化或典型文化作为核心内容，较少空间去呈现非典型或边缘文化。

随着网络社会的繁荣，地域文化逐渐变得丰富多样，并呈现出主流文化和非主流文化并存的形态。这时，人们可能不得不需要具备越来越开放的胸怀和进行越来越多样的交流，以面对越来越复杂的情境和越来越多样的问题。反映在教育领域，学生需要学会接触、理解和参与丰富的人类文化生活，并在文化流动的过程中建构全面、生动和自主的文化世界，以求更加积极地参与未来社会生活。

在此背景下，学校教科书必须积极地回应文化多样性的教育诉求。编写者应当向学生呈现丰富和逼真的文化情境，揭示本真和灵动的文化思维，鼓励学生进行多样和双向的文化交流，面对真实和复杂的世界问题，帮助他们形成坚定且自信的文化共识，直面文化多样性带来的繁荣与动荡。在可期的未来，教科书数字化可以实现复杂的文化情境创设，反映出真切的社会问题，提供广阔的社会交往

---

① 乔治·西蒙斯. 网络时代的知识和学习：走向连通[M]. 詹青龙，译. 上海：华东师范大学出版社. 2009：29.

② 徐俊. 复杂性思维下的复杂人及其管理[J]. 科技管理研究，2006（5）：144－145，152.

空间，进而帮助学生主动地进入阅读学习过程，形成宽泛的文化理解能力。

当然，这并不意味着教科书编写者可以完全不顾典型文化的深厚价值，抛弃纸质教材的技术积累。在纸质教科书的编写实践中，编写者通过丰富的技术手段形成教科书来帮助学生理解典型文化。大致而言，他们创造出选择技术来甄别有价值的学科内容，形成了内容组织技术来突出关键性学科问题，运用表达技术来支撑强有力的学科内容表达，最终帮助所有学生都能够高品质地内化学科知识基本结构。在某种意义上，这些纸质教科书技术构筑了学科理解的基础性条件，也将成为教科书数字化的建设和应用基础。

面对网络时代，数字教科书编写者应当继承和提炼纸质教科书编写的核心技术，并积极地利用和改进教科书数字化技术，帮助学生学会审视文化多样性的利与弊。具体而言，未来教科书技术应当帮助学生深度地养成文化理解的基本模式，引导学生体验、理解和评价更多的文化样态，养成多元文化理解所需的自主意识、批判素养和建构能力。这样，学生才能认识到文化多样性背后的文化统一性以及文化多样性和文化统一性的辩证关系，进而保护网络社会生活的真正繁荣。

（二）个人的全息性

学生具有独特且丰富的个性品质，是具有全面发展潜能的个体。在教育领域，教科书编写者努力调查学生的现实生活和心理规律，编制全面的学科内容，打通学科间内容的联系，构建学生全面成长的课程空间。但是，受制于纸质载体，编写者通常以多数学生的经验作为基础，倾向于采取同质化的内容选择方式编写教材，仅在少数课文内容中容许学生展现自己个性化的经验，以保证多数学生在最大限度上养成学科素养。

由于个体和群体的关系网，任何个人都有多方面的身份属性，都有相关身份属性关联的需求、心理和价值观。在社会生活中，这些身份属性进行各种各样的相互作用，创造、发展和维持着学生的个性化生命历程。站在全面发展的立场上，所有教科书编写者应当全面地发现、审视和择取社会生活素材，系统地协商和分配各门教科书的内容要素，构筑立体化的学生学习资源网络。

正如社会生活永远处于稳态和非稳态交替的过程，全息性并不意味着个人属性必然是同时激活的，而是更有可能是不定时地处于激活状态的。在纸质教科书编写实践中，编写者努力综合化利用各种技术，争取触碰和引发"多数学生"的注意系统、感知系统、语言系统或认知系统等的位点，进而引发相关位点的身心连锁反应，让"多数学生"都有机会去发展自己的基础素养。就此而言，纸质教科书已经在课程设计、学习设计和教学设计等方面形成了丰富的技术储备。

在未来繁荣的网络时代，学生需要充分接触和内化外界的多样信息，将之有序地纳入自己的身心系统，并使它们处于相对全面且动态的平衡状态，才能最大化地发展和形塑自己全面且个性的心智模式、认知习惯和思维过程。因此，编写者需要关注学生身心系统发展的整体性和有序性，积极地发现和借鉴纸质教科书的内容与技术、技术与技术、技术与生活的本质联系和嵌套关系，将之合理地迁移或内嵌至教科书数字化，并借助数字化技术带来的连通性，支撑每个学生进行全面的课程理解与完整的认知结构建构，最终成为充分适应信息社会的人。

（三）不确定的世界

作为历史的延续，现实世界在坚持着或多数或少数群体认可的运行规则时，也在不断地创造和吸纳新鲜的组成元素，淘汰和消耗原有的组成元素，并向个体提供确定性与不确定性共融的生命环境。显然，在纸质教科书时代，教科书编写者更为关心世界的确定性部分，期望学生掌握、理解人类多样现实生活的钥匙，以从容地面对未来世界的不确定性。

随着网络时代的到来，世界看似愈发变幻莫测，表现出易变、不确定、复杂和模糊等特征。因此，人们仍然坚信：学生形成比较稳定的发展方向和思维方式，具备适应未来世界的关键技能和必备品格，才能及时、有效地化解各种各样的生活挑战。所谓核心素养便是这种探索结果的集中概括。在这种背景下，编写者逐渐跳出传统的学科知识并重新定位核心素养，重新思考教科书的内容选择、组织编排和表达呈现。[①]

但是，有能力并不等于有意识，也不等于有勇气。在某种意义上，不确定性就是确定性的对立端，难以或者无法被确定性思维捕获。在网络时代，社会生活情形更为丰富，也更为多变和难以捉摸，并成为个人生活不可缺少的组成部分。

---

① 彭寿清，张增田. 从学科知识到核心素养：教科书编写理念的时代转换[J]. 教育研究，2016（12）：106 – 111.

或许，教科书数字化是应对这种趋势的必然选择。在教科书编写的过程中，数字教科书编写者可以合理地借助数字化技术，展现世界的不确定部分和变幻莫测，让学生感受、体验、感知世界的生动面貌，帮助学生学习运用直觉思维和体悟思维完成认知任务。这样，学生才会有意识和勇气去面对与回应现实世界的变动不居。

整体而言，数字教科书编写者需要面向确定性和不确定性融合的真实世界，审慎地辨别真实世界与核心素养的本质关系，充分地认识其中的复杂关系和核心素养的关键作用。在此基础上，编写者还需要学会设计多种多样的自主活动任务，引导学生学会自我决定、自我调节和自我实现，帮助他们发展直觉思维、生态思维和批判思维，提升学生进行人生规划与化解问题的自我效能感。这样，学生最终才有可能积极地去面对这个不确定的世界。

二、知识变革与教科书数字化

进入数字时代，人类知识借助网络和媒介的技术融合，逐渐从纸质媒介走向数字媒介，在信息的存储、传播和生成等方面均发生了重要变化。在这一过程中，知识信息虽未发生本质性变化，但借助数字化加工技术和平台发生着诸多形态变革，并将给学校课程教学带来前所未有的影响。作为未来的课程载体，数字教科书必须合理地继承纸质教科书的内容组织与表达技术，并借助数字化手段扩展和改造原有技术的存在形态，帮助学生更全面、深度地理解知识。

（一）知识情境

研究表明，知识是具备情境属性的信息，知识的价值依赖于其所产生的情境，并受到组织情境的重要影响。[①] 这就意味着，个体不仅要理解知识技能的形式与含义，而且要掌握知识生产的过程与实质，还要关注知识应用的环境特征，才能更好地适应未来社会生活。面对此种情形，当代纸质教科书编写者开始关注学科知识、技能和方法的发生过程，发现学科问题解决的情境脉络，了解实践问题解决的情境要素，并学会创设更加贴近现实的知识情境或问题情境。

知识的情境性并非意味着知识本身的价值变化。在某种意义上，个体只有扎

---

① 徐进，朱菁. 国内外知识情境研究综述[J]. 情报杂志，2009，28（3）：23 – 26，30.

实地掌握学科基本结构，才能及时洞察实践情境，跳出所处情境的表面化特征，深刻地理解这些实践情境的内在运行机制，最终高品质地化解种种实践问题。在教科书编写的未来实践过程中，编写者应当基于问题进行学习设计，积极地运用现代技术创造问题的情境脉络，提升学生分辨、分离、分析以及整合知识与情境的能力。

研究表明，学习过程是具有情境脉络的，社会、历史和文化等外部因素影响着个体的认知过程。[①] 在智慧时代，编写者需要借助教科书数字化平台，继承纸质教科书的学科、学习与教学情境设计技术，借助网络和媒介扩展教科书的情境设计空间，才能适时呈现师生的历史经验和思维过程，协助提升师生在真实情景中问题解决的效率和效果。在这一过程中，数字教科书将借助"认知学徒制"和"实践共同体思想"，构筑社会情境、实践情境和文化情境合为一体的完整学习空间。[②]

（二）知识流动

在近现代教育实践中，学科课程专家作为权威控制着知识的流动过程。他们熟悉知识学科体系，按照特定规则选择典型知识与技能内容，并按"多数学生"的心理规律进行组织和编排，进而形成规范的学校课程资源。在学校教学实践中，教师假定这些知识反映了世界全貌，并习惯性地运用多种手段形塑学生的知识掌握思维。从教育结果来看，这种静态知识观虽然可能帮助学生认识世界，但也限制了学生获取与理解动态信息的能力。

在网络时代，知识日渐成为以服务器和终端设备作为载体的流动性存在。在这种背景下，知识流动的参与和管理成为学生必须养成的素养，也成为数字教科书发展的重要动力。整体而言，知识流动受到知识相关因素和技术相关因素的双重影响。在技术因素方面，数字教科书编写者需要根据学生的年龄特征，合理地选择硬件与软件技术及其提供者，使之成为网络信息载体与学科知识载体的物理中介，并设计有序、合理的数字化技术操作与掌握路径，帮助学生学会运用技术来接触和接受外在的动态知识世界。

---

① 贾义敏，詹春青. 情境学习：一种新的学习范式[J]. 开放教育研究，2011（5）：31-41.
② 崔允漷，王中男. 学习如何发生：情境学习理论的诠释[J]. 教育科学研究，2012（7）：28-32.

在知识因素方面，数字教科书编写者需要考虑知识特性、合作特性、知识受体特性、知识源特性和情境特性等①，借助必要的社区、网站、平台等技术工具，连接专业知识发现者和学习者共同体，才能帮助学生了解专业实质和提升学习品质。在此基础上，编写者应当创设知识流动的控制界面和原理知识，并将之嵌入学科核心素养导向的教材框架，帮助学生发现、理解和控制知识流动的起点、过程与结果，进而完成知识流动网络与问题解决素养的协同建构。

当然，知识流动并不是毫无风险和代价的。在现实网络中，信息良莠不齐，有时让成人都难以分辨。因此，编写者一方面要积极地提炼纸质教科书的学科素养培育经验，借助数字化技术增强信息理解和思维训练的质量，发展学生的专业认同和批判意识，树立积极向上的世界观和人生观。另一方面要主动增加知识版权保护和资源共享教育，将其编入数字教科书的教学应用过程，让学生养成尊重原创与合理贡献的意识，共同建构和维护知识共同体的基本伦理。

（三）知识重组

在纸质教科书时代，学生学习的主要任务是知识理解与技能掌握。他们阅读教材文本并获取学科知识，然后在大脑重新组织新学知识与原有经验的关系，通过同化和顺应等心理机制实现内外信息的特定平衡，并形成结构良好和更为稳定的图式。在少数情况下，学生还会外化大脑重组的信息，并将之书写和保存于教科书页面，再次形成相对静态的书本知识。形象地讲，学生学习就是在头脑中仿造和建立纸质教科书的文本与镜像。

网络社会的知识是丰富且流动的，个体需要择取重要的核心内容进行认知加工，并保存于记忆容量有限的大脑中。在更多情况下，个体需要借助外部媒介联结网络搜集的信息，并储存网络信息与认知结构重组的重要结果，伺机而用。为了帮助学生提升知识重组的质量，未来的数字教科书编写者需要积极运用视觉表征手段，通过知识可视化设计（如启发式草图、概念图、视觉隐喻、知识地图）帮助学生外显个人知识，② 引导他们发现和判断新信息嵌入、替代或包含的可能位点。在此基础上，教科书编写者还应当了解知识发展的技术逻辑，将导读谋略

① 华连连，张悟移. 知识流动及相关概念辨析[J]. 情报杂志，2010（10）：116 - 121.
② 赵慧臣，王淑艳. 知识可视化应用于学科教学的新观点：访瑞士知识可视化研究开拓者马丁·爱普教授[J]. 开放教育研究，2014（2）：4 - 10.

的触角伸向读者用户专业内部，探察其最需要的知识构件，① 引导学生借助数字技术整理和重组学科信息、网络信息和个人信息，建立独特的个人知识网络。

但是，知识重组并不等于任何知识都具有同等的价值。无论社会如何发展，学科基本结构都是人们构建社会常识、理解人类世界和建构社会关系的基石，是人类知识创新、技术创造和价值重申的基础。即使进入智慧社会，数字教科书编写者仍然需要建立学科知识的全息图景（包括原始情境、认知转变、知识内化），提供丰富且真实的实践情境（包括知识理解、问题探究、社会实践和交流对话），让学生在问题解决实践活动中接触网络信息，以学科基本结构或学科核心素养为主体框架，探究知识重组的最佳方式，感受知识重组的重要价值，最终保证知识重组结果的深刻性与灵动性。

三、网络生活与教科书数字化

未来社会是数字化的信息社会、网络社会，并表现出多样性、自治性、交互性和开放性等特性。② 面向未来，学生需要学会通过网络与人交往，通过网络获取资源、生成信息、分享观点。在数字教科书编写过程中，编写者必须根据网络生活的特征设计课程活动，让学生理解和参与网络生活的运行过程，以此帮助学生逐步适应网络生活。下文将从网络的交互、开放和自治等方面探讨数字教科书技术发展的必要性与可能性。

1. 交互视角下的教科书数字化。在连通性知识网络中，人机交互和人际交流是个人必备的基础素养。只有人际交往和人网互动有效地开展，存储与链接于数字教科书的知识才能有序地流动起来，进而成为服务于学生成长的知识网络。在人机交互方面，数字教科书编写者应当融合课程设计、学习设计和教学设计技术，合理地选择和嵌入教学软件（或程序）、学习社区或数据库，构建核心素养导向、简便易学的数字教科书，帮助学生接触和掌握网络学习的技能与方法。在人际互动方面，编写者应当借鉴线下交往的行为规范，提出网络共同体的伦理道

① 熊孝孟，刘成先，赵东红. 知识重组视角下的阅读导读个案研究[J]. 图书情报知识，2005（4）：95 - 97.

② 乔治·西蒙斯. 网络时代的知识和学习：走向连通[M]. 詹青龙，译. 上海：华东师范大学出版社. 2009：29.

德，在数字教科书中植入网络沟通模块，帮助学生建立网络学习团队和网络指导团队，引导他们参与和反思网络课程的学习实践，理解网络交往的包容性等特征。

2. 开放视角下的教科书数字化。连通性知识网络的发展离不开数字居民的开放心态和资源共享。在这方面，教科书编写者应当考虑以下三点。其一，数字教科书要设置开放性节点、信息、社群，链接课程相关的开放性网络资源，引导学生运用网络信息解决课堂学习问题，帮助学生增强网络学习的动机。其二，数字教科书要创造开放的课程学习情境，构建小组合作、讨论甚至辩论的课堂活动，引导学生共享资源和分享观点，在感受个人差异中达成开放性共识。其三，数字教科书编写者应当尊重和借鉴纸质教科书中的价值观教育，并将认同性教育有效地迁移至开放性教育，更为直接地培养学生的开放意识与心态。

3. 自治视角下的教科书数字化。网络社会是一种复杂的空间，充满诱惑和风险。如果个体忘掉自己的现实身份，脱离社会的基本规则约束，则可能造成网络生活的混乱甚至崩溃。这就意味着，学生需要发展个人自治素养，学会控制自己的网络生活。为此，数字教科书编写者必须兼顾数字教科书的课堂使用和网络使用。在课堂使用方面，编写者要继承和改进纸质教科书技术，加强课程学习深度，强化社会生活规范，建构人生行动规划。在网络使用方面，编写者要引入和改造数字化技术，引导学生有目的地进行网络生活，学会监控个人生活轨迹和意见表达方式。在此基础上，数字教科书需要设置反思板块，引导学生学会自我管理，协商并建立网络社会生活的自治规范。

总之，人类的发展意味着个人的自主性、对共同体的参与感和对人类的归属感三者的联合的发展。[①] 在网络时代背景下，数字教科书编写者必须站在全人发展的立场上，积极利用各种各样的数字化技术，引导学生进行线上和线下的学习与反思，系统地理解复杂世界、知识变革和网络生活，学会协商、共享和自主，最终能够积极地适应未来世界的变化。

无论教科书数字化如何有助于帮助学生适应智能社会生活，都必须尊重纸质教科书在课程设计、学习设计和教学设计上的基本技术经验，建立基于学生基础

---

① 埃德加·莫兰. 复杂性理论与教育问题[M]. 陈一壮，译. 北京：北京大学出版社，2004：40.

素养发展的培养机制。在满足这些要求的基础上，教科书数字化需要转变内容呈现的形态与思路，适当放弃纸质教科书的页面逻辑展开形式，转而以数字化媒介作为载体，以实践活动的立体化建构为思维核心，打造融学习设计、教学设计和课程设计于一体的活动设计平台，促进学生核心素养的发展。在此基础上，数字教科书还可以考虑教师素养的发展和学校经营状况的改善（如图 7 - 2）。

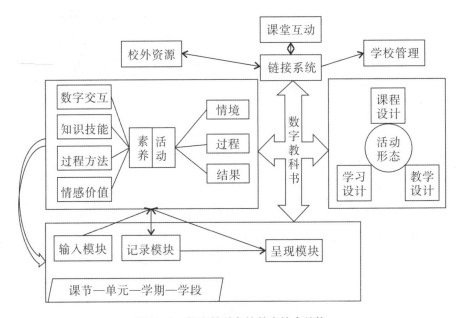

图 7 - 2　数字教科书的基本技术结构

第二节　为了学生素养发展

当今，国际组织和主要国家都已认识到未来世界是易变的、不定的、复杂的和模糊的，基于自身的发展愿景、文化传统和教育思想，各国提出了各具特色的学生发展核心素养体系，尝试帮助学生迎接未来世界的多样性、复杂性和变化性。整体而言，这些核心素养体系虽然强调学生发展的整体性，但都包含三种基本维度，或者倾向完整学科结构，或者倾向深度学习品质，或者倾向族际交往视野。

在某种意义上，这三种维度是审视教科书（尤其是数字教科书）的关键变量。

一、学科活动结构与数字教科书

欧盟在2006年提出了带有较强学科结构特征的核心素养体系，包括使用母语交流、使用外语交流、数学与科学技术素养、社会与公民素养、数字素养、主动意识与创业精神、学会学习、文化意识与表达。在某种意义上，我国当前基础教育阶段的课程结构与之相通。学生通过掌握相对全面的学科结构，能够全面地认识世界，了解自我和寻找方向。但是，数字教科书技术视野中的学科结构不应仅限于此，而是应当延伸至相关学科核心素养生成的活动结构，进而扩展至这种活动结构的数字化存储方式、传播机制和活化过程，以支持学科核心素养发展的过程性理解和培育实践活动（包括情境、过程和结果）。

（一）学科活动要素的存储技术

学科知识结构是人们表征社会实践结果的重要方式，而学科活动结构则是人们表征社会实践活动的重要形态。在传统教科书中，核心内容是学科知识结构，主要包括学科知识和技能、过程与方法、情感态度与价值观，并落实和表现为正文系统、辅助系统和作业系统等模块。在数字教科书中，编写者仍然需要运用数据存储技术清晰且系统地表征学科知识结构，并按教科书的系统组成与辅助资源分门别类、互相关联地将之存储于特定的数字媒介模块（如图7-3）。

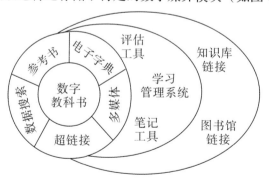

图7-3 Kim的电子教科书设计模型①

---

① 魏昕. 国外数字教科书研究：回顾、进展及启示[J]. 课程·教材·教法，2015（9）：117-122.

　　除此以外，编写者还需要在数字教科书中设置相对独立的学科情境模块、学科过程模块、学科交流模块，同时保存学科知识结构之外的学科实践活动元素，供教师在教学设计与实践过程中灵活选用。在核心素养教育背景下，运用这些模块更能够反映学科知识生成过程的全貌，能够帮助学生更为生动、深刻地认识真实学科实践，建立更为全面的学科核心素养。

　　与纸质教科书的应用实践类似，学生在使用数字教科书平台进行学科活动和解决学科问题的过程中，会将学科要素（包括知识与技能、过程与方法、情感态度与价值观）、个人经验（包括背景知识、学习感受）和学习过程（包括同学关系、交往过程）等进行整合，并逐步生成学科生产过程、学科知识结构和学科基本素养。因此，数字教科书编写者还有必要提供独立的学习过程数据存储模块，记录学生核心素养的生成动态和生成结果（包括课堂练习和课后作业），帮助他们认识和反思自己的学科结构。

（二）学科活动结构的传播技术

　　贝罗综合人类学、大众传播学和行为科学等思想，提出了 SMCR 传播模式，从信息源、信息、通道和接受者四个方面揭示了传播过程包含的要素（如图 7-4）①。参照大众传播模式，数字教科书的应用过程必须反映"知识本身的性质""知识的组成要素""知识获得过程的性质"和"求知者的素质"等方面的要求，并借助完善的存储技术、传播技术和活化技术体系，才能将结构化的学科活动转化为学生核心素养的有效培养。

图 7-4　贝罗的大众传播模式

---

① 李永健. 技术优化学习的理论与实践[M]. 杭州：浙江大学出版社，2010：7.

教科书编写者必须尊重相关社会实践（如语言、数学）的原本形态，深刻地理解其中的专业态度、社会制度、文化背景，尤其是学科知识和传播技术等，从学科核心素养的视角提炼其中的核心概念、典型事件、基本方法和学科思维，并按成分、结构、内容、处理和符号等维度提炼信息，包括知识与技能、过程与方法、情感态度与价值观等成分，以及学科知识结构、学科实践结果、学科理解方式和学科专业语言等方面的信息。如若提取结果不能反映知识生产，学生将无法真正获得未来生活的能力。

基于上述环节，教科书编写者应当了解学生学科活动的情境理解水平、素养发展目标，结合感知觉理论，恰当地选择和搭配视觉、听觉和触觉等信息感知通道，并通过检验通道与局部或整体信息的搭配效果，从中选择和固定最优的信息传播路径和形态，运用语言与图像符号争取全面地反映社会实践活动结构的本真面貌。在某种意义上，这些信息传播路径也将承担着学生学习结果的记录功能。

（三）学科活动内容的活化技术

纸质教科书的文本活化和功能实现依赖于学生的积极参与，数字教科书依然如此。学生只有主动地接触和使用数字教科书，才能够运用视觉、听觉和触觉等感知其中的语言符号和图像信息，并运用视觉、听觉和触觉来影响和改变数字教科书内容的形态，在自身原有经验与学科新学知识的不断失衡和平衡中，持续地激活和发展自身的心智模式和相关素养（如图7-5）。为此，数字教科书应当提供学生心智外化与内化、操作与行动的物理硬件接口，并借鉴纸质教科书的技术应用经验，提供激发学生情感表达和学习动机的课文或页面软件接口。

鉴于学生的生活经验较为缺乏，数字教科书应该提供解释系统和支持系统，帮助学生自主地跨越新知与旧知的障碍（如图7-6）。数字教科书编写者应当利用纸质教科书的辅助系统，对课文隐含的知识、方法、情感等结构进行抽象化总结，或者对课文内含的核心观念、基本原理、基本概念进行具体化解释，并以直接提示或超链接的方式进行表现，帮助"多数学生"实现独立完成最近发展区的知识学习。在此基础上，编写者还应当提供必要的学习资源链接、解答数据库和分层教学社区，让学生能够逐个、逐步、逐层地化解阅读、理解和应用等方面的问题，促进"所有学生"独立完成最近发展区的知识学习。

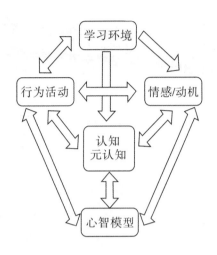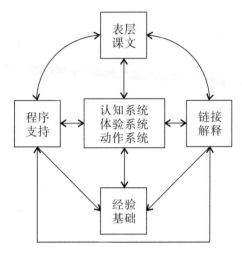

图 7-5　Domagk 的 INTERACT 模型①　　　图 7-6　数字教科书的问题解决支持结构

二、深度学习与数字教科书

随着人工智能的崛起和应用，深度学习逐渐成为各国教育教学实践追求的基本理念。美国在 2007 年修订的"21 世纪素养"以核心学科为载体，确立了包括学习与创新技能，信息、媒体与技术技能，生活与职业技能在内的技能内容。这些内容参照成人职场生活的基本素养，强调掌握核心内容、培养倾向态度和运用整合推理三者的统一。我国学生发展核心素养体系中的"批判质疑""勇于探究"和"实践探究"可看作深度学习理念的具体表现。在数字教科书中，编写者可以在任务情境设置、学习路径预设和学习产品展示等方面有所努力，引导和帮助学生完成深度的学科学习。

在任务情境设置方面，数字教科书可以选择现实生活中具有创造性、批判性和发展性的场景任务，根据支架式、抛锚式和随机式等建构主义学习模式，创设任务情境并呈现学习要求，为学生进行深度学习提供条件。以此为基础，编写者可以通过文字、数表、图形、影像、动漫等多种载体，全面地刺激学生的感觉、知觉和动觉，全方位地激活学生的已有知识和身体经验，让教材成为学生生活的

① DOMAGK S, SCHWARTZ R N, et al. Interactivity in Multimedia Learning: An Integrated Model. Computers in Human Behavior, 2010, 26 (5): 1024-1033.

伴侣、游戏的伙伴、成长的营养。① 继而，数字教科书可以设置高阶思维的引导与提示，提供深度学习的思维模式和思考路径，帮助学生发展分析、评价和创造等思维。

行动是一种联系，或者更准确地说，行动创造联系。② 为了支持学生养成深度思维的能力与习惯，数字教科书编写者需要学会提供深度学习的多样行动路径。其一，数字教科书可以通过超链接、概念图、自我反思等方式，引导学生建立完整的知识网络，形成对特定事物的深度理解。其二，编写者可以设计序列化问题、示范问答方法和思维批判提示，通过情境引导、数目引导、交流引导、知识或策略引导、学科引导、解答引导，让学生关心课程学习和课堂思维的质量。③ 其三，数字教科书应以人为中心，以问题为中心，以实践为中心，通过呈现完整的行动情境和优化的行动方案，实现隐性知识的显性化以及相关知识技能的综合化运用。在这种路径中，学生能够调用全部身心，真正意识到"设计未来是我们使用者自身的责任，我们理应对开创自己的未来负责"④。在此基础上，教科书可能需要使相关程序与学生大脑进行同步运转，并智能化地承担部分低阶思考功能，以帮助他们节省大脑的认知负担，从而更好地专注于高阶思维。⑤

由于任务情境的复杂性和真实性、学习过程的非线性和生成性、学生思维的碎片性和即时性，学生在课堂学习过程中必然会进行诸多表层或浅层的认知加工，并生成很多琐碎或无关的信息结果。这样来看，数字教科书不仅需要记录学生数字化学习的过程性产物，如学生利用网络通道查询到的信息片段、运用感应笔所勾画出来的文本片段和运用录像设备记录的行动片段等，同时需要记录学生数字化学习的结果性作品，即学生运用数字教科书内置的程序、软件和相关工

① 李禾田. 新课程中教材综合化建设及其运行模式[J]. 课程·教材·教法，2003（6）：16-19.

② 汪海. 行动：从身体的实践到文学的无为[M]. 北京：北京大学出版社，2013：4.

③ 宋运明，夏小刚，张学杰. 对小学数学教科书中"提出问题"提示语编写的思考和建议：基于四种版本教科书的统计与分析[J]. 课程·教材·教法，2011，31（4）：52-57.

④ BANATHY. Comprehensive Systems Design in Education：Who Should Be the Designers. Educational Technology，1991（9）：49-51.

⑤ 王凯. 传统课堂教学的内蕴及其技术突破[J]. 课程·教材·教法，2017（11）：101-107.

具，解决情境任务所形成的知识性或实践性作品。更重要的是，数字教科书编写者需要设置学习过程的反思与批判任务，如提供优秀作品样例，让学生辨别各种过程产物与优秀作品的联系，进而理解深度学习的内涵主旨与行动规范。

三、全面教学交往与数字教科书

随着现代化和全球化的发展，学会交往成为个人适应社会生活的必备素养。经济合作与发展组织倾向于从人际交往的角度提出核心素养，包括能交互使用工具、能在异质群体中进行互动、能自律自主地行动。我国学生发展核心素养中的"国际理解""自我管理"等便属此类。数字教科书编写者应当立足教学交往实践，提供创设和创新技术使用、教学交往和交往视野等方面的教学支持。

相对纸质教科书而言，数字教科书具有独特的存在形态，包括听觉形态、视觉形态（如图像）和视听结合形态（如电视、电影）。[①] 同时它也是存储信息提取和呈现、页面信息转换和整理、认知结果外化和嵌入、物理信息输入和存储等技术的综合体。学生首先需要认识和掌握数字教科书的组成结构与使用方式，才有可能借助人—机互动和人—机—人互动实现信息转变，从而掌握未来生活的关键能力。在这方面，编写者可以提供数字教科书的配套纸质说明书，也可以在启动页面提供操作样例，并在初期使用出现常见问题的位置导入超链接提供使用标志、错误提示等，帮助学生获得良好的技术支持。

站在促进学生深度学习的立场上，数字教科书应当坚持"情境化""个性化"和"外显化"特征的融合。[②] 借助人机互动技术激发传统课堂中的"沉默的大多数"，支持每个学生与实践情境、教师和同学的互动。在此方面，编写者应当在数字教科书中坚持全面教学交往的理念，通过设置学科问题与解答系统、学习求助与支援系统、互动记录与整理系统，增强教师指导、师生交往和学生交往的强度和广度，为所有学生的问题解决实践提供即时和个性支持。

在网络环境中，学生发表个人意见的机会增加，他们遭遇冲突的可能性也会增加。因此，数字教科书编写者需要在数字教科书中安排必要的模块和线索，帮

---

① 任丹凤. 对教科书设计的优化处理策略[J]. 课程·教材·教法，2003（10）：6-10.
② 魏昕. 国外数字教科书研究：回顾、进展及启示[J]. 课程·教材·教法，2015（9）：117-122.

助学生重新建立交往伦理。其一，数字教科书应当协调和整合非文字符号的装饰功能、调节引导功能和文字符号的认知功能，[1] 通过页面情境和活动环节的合理设置，为学生创建数字平台交往生活情境。其二，数字教科书必须设计体现课程理解冲突的网络程序和板块，通过提示语、超链接、反馈链等方式传播公民社会规则，培养学生跨文化交流技能，帮助学生学会管理和表达个人观点，学会尊重和质疑他人的意见，帮助他们在未来能自律自主地行动。

第三节　为了教师专业发展

在近现代教学实践中，纸质教科书更多的是以表征课程内容和引导学生学习为主要功能，较少发挥教师教学指导方面的功能。教师用书虽服务教师的教学设计与实践，但更多的是围绕教科书知识开展。由此产生的常见结果是，教学方法趋向于学习方法，部分教师放弃自己的教育创造性，与学生同用和同学一本书，缺乏必要的教学互动张力，最终导致无论专业实践还是专业发展的表现都较难令人满意。

从进化的角度来看，知识的性质是不断变化的：当处于"发现"阶段，知识表现出不确定性和主观性，以活动的状态处于发现者的头脑中，表现为一种"个人知识"。当客观性知识要重新被人理解和学习的时候，必须再次以过程性的方式存在，恢复其与人的情感及共同体的思想氛围的密切联系。[2] 这一观点适用于教师教学素养、学科素养和学习素养的发展。无论面对学科实践体系还是学生核心素养的发展，教师都必须不断地参与新鲜的活动，获取新鲜的经验，以提升自身的教育专业素养。而数字教科书可为增强教师素养提供新途径和新平台，甚至作为融方法、学法、教法于一体的载体。

---

[1]　惠凌峰. 浅析中小学教科书中非文字符号的认知特性[J]. 课程·教材·教法，2008（12）：61-66.

[2]　郭晓明，蒋红斌. 论知识在教材中的存在方式[J]. 课程·教材·教法，2004（4）：3-7.

一、数字教科书与教学素养发展

如前所述，教学性是教材的本质特性，它应成为教材建设的核心灵魂。[①] 由于计算机具有分区存储的功能，数字教科书可以利用此功能将纸质教科书配套的教师用书相关内容纳入其中，并以融合、嵌入、独立等形态予以保存或呈现，帮助教师发展自己教学理念、教学设计和教学方法等方面的教育教学素养。

（一）教学理念发展系统

在基础教育改革与实践中，教学理念是教师专业成长与发展的重要内容，涉及教学理想、教学目标、教学要求和教学原则等内容。教师只有树立良好的教学理念，才能更好地把握学生的最近发展区，科学有效地设计学生的学科活动，并指导学生获得适合自身的发展。在数字教科书中，编写者可以在学段、学期、单元和课节层面增加相关教学理念的知识链接、问题引导和案例分析，供教师自行阅读、理解与体会，进而掌握必要的教学理念常识。

编写者在编写数字教科书的过程中，应当努力结合具体的课程内容落实课程理念，调整课文文本内容、编排方式和作业设置，以更为亲切、动态的方式来具体体现教学理念。在此基础上，编写者还可以借助数字技术链接这些内容，帮助教师进行价值审视、功能分析和效果评价等，指引或提示教师发现内容选择与表达背后的教学理念，或者链接相关内容的教学应用片段，帮助教师体验先进的教学理念。这样，教师更有可能理解教学理念的真正含义，从而构建、调整或置换自己的教学理念，并使之成为未来教学实践的支配性心理力量。

（二）教学设计素养系统

教学设计是教学意图实现的重要前提。为了保证和提升教师的教学设计素养，数字教科书编写者可以尝试以下三种路径：

第一，对于含有具体课节内容的教学设计，编写者可以通过划分地域特色、师生水平或教学目标等，将传统教师用书或课堂教学实践的优秀、典型经验直接"搬进"数字教科书，甚至提供必要、多样或片段的教学视频供教师模仿和选用。

第二，对于渗透关键内容的教学设计，编写者可针对核心概念、关键能力和

---

① 曾天山. 教材论[M]. 南昌：江西教育出版社，1997：14.

必备品质，预置主要学习活动方案，并开放其他部分的教学设计，供教师自行使用和完善。这样，任课教师不仅能够有效地把握重要课程内容，而且能够灵活地调用师生经验和调整教学顺序。

第三，对于空无课程内容的教学设计，编写者可系统性地整理优秀、典型的教学设计或课堂实践，提炼出形式多样、功能丰富的教学设计模板（包括教学目标陈述方式、学生学习方式、教师指导方式、教学评价方式等），并提供必要的使用说明，帮助在实际教学活动时自由地使用模板填充课程内容，并由此构建教科书研究的教学过程资料基础。

（三）教学方法发展系统

无论教学理念还是教学设计都依赖于方法和操作的执行（如图7－7），才能在教学实践中落实和发挥作用。在编写数字教科书的过程中，编写者应当围绕教材应用过程中的常见主要问题，如"教学中的重点在哪里？学生学习中的难点是什么？教与学的需求有哪些？哪些内容最需要以何种媒体形式表现出来"[1]，积极地了解与选择优秀教师的分析思路和解决方法，借助各种数字化技术加以存储，帮助教师有效地进行课程理解，准确地完成教学设计，进而顺利地实施课堂活动。

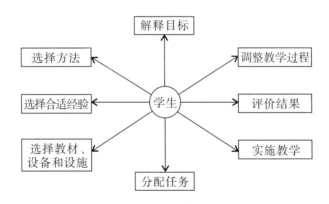

图7－7 学生学习实践指导的方法体系[2]

---

① 邓文虹. 电子教材研发的思考与实践：以人教版电子教材的研发为例[J]. 课程·教材·教法，2011，31（12）：32－36.

② 李永健. 技术优化学习的理论与实践[M]. 杭州：浙江大学出版社，2010：10.

二、数字教科书与学科素养发展

学科专业素养是教师专业素养的重要内容，是教师顺利开展教学活动，完成教学任务的重要保证。数字教科书应当借助必要的技术帮助教师发展学科素养（包括学科知识、学科思维和跨学科思维），积极地适应科学、技术和社会的发展，有效地落实基础教育课程改革的要求。

（一）学科性知识发展系统

整体而言，数字化资源整合有两种最为有效的方式：一是根据教科书目录和资源类型建立一个二维资源体系；二是以数字教科书为载体，用超文本的方式将数字教科书内容和其他数字化资源整合在一起。[①] 在编写数字教科书的过程中，编写者可以借鉴纸质教科书的编写方式，在课程文本中直接标注相关学科辅助知识（如课文解读、扼要分析、参考文献或背景知识），可以借助数字技术在课程文本中直接链接相关网址或导入存储信息，帮助教师快速、有针对性地获取学科内容，或者帮助教师导入辅助教学的信息。

（二）学科性思维发展系统

在促进学生学科思维发展方面，数字教科书可在这些方面进行拓展：一是提供学科思维知识。编写者可以在课文呈现界面设置学科思维知识的链接，也可以将相关知识存储在独立模块，并与学科知识模块和学科实践模块建立链接，让学生能方便地使用，帮助学生实现知识理解和思维养成；二是丰富学科思维表达方式。编写者在呈现课程内容过程中，应当运用多样化呈现方式（即文字、图像、声音，甚至多种形式组合），帮助学生学会使用丰富的形式表达学科思维的技能；三是提供促进学科思维转变的信息资源，数字教科书应当紧密结合学科发展前沿，提供必要的文字、音频或视频讲解，帮助教师理解知识、技能和思维的完整关系，支持学生更有效率地理解课程的内容，进而促进学科思维的转变。

---

① 王岳，邓文虹. 新版教科书配套数字化资源的设计与开发[J]. 课程·教材·教法，2013（5）：22－27.

（三）跨学科思维发展系统

当代社会越来越强调学生须具备解决问题的能力和综合应用知识的能力，并要求学校教育须重视培养学生的跨学科思维。数字教科书编写者可以借鉴国内外综合课程的编写形式（如融合型、联合型和配合型），尝试设计可用于辅助教师教学的跨学科思维发展系统。[①] 首先，编写者需要跨学科地收集特定实践或事件相关的文献资料，并运用超链接、概念图和流程图等方式，建立由相关事物组建而成的多学科知识网络，帮助教师发现其中信息具有的本质性关系。

在此基础上，编写者应当学会分解和拓展原有教科书的学科知识、技能知识、思维知识和符号链接等内容，遵循学科活动的常见模式（如探究、项目、实验），运用数字化技术（尤其可视化技术）重新组织和呈现社会现象、学科知识、专业视野和关注焦点之间的多重关系，构建和呈现立体层级或立体网状的跨学科思维模型，并将相关信息以适当方式（尤其链接方式）存储于数字教科书。这样，教师将获得更有效的支持和更高效的发展。当然，这也意味着，数字教科书或许应当存有多种模块、版本或系统，以便存储不同性质、关系、形态的学科活动与知识体系。

三、数字教科书与学习素养发展

教师只有具备良好的学习素养，才能理解学生学习的起点、过程和目标，不断地改善自身教学的过程与效果。[②] 数字教科书应当利用储存容量优势和统计功能优势，设置或链接学习素养发展系统，以不断提升教师的学习素养。

（一）学习科学素养发展系统

在学习科学素养发展方面，数字教科书应该重点运用心理学，课程教学论和教育技术学等方面的研究成果，供教师进行及时、系统的学习。就心理学方面而言，数字教科书应该在学期、单元或课节等层面，提供认知与学习科学研究与发展的指引内容，帮助教师了解与教学相关的学生心理知识。就课程教学论方面而

---

① 冯冬雯. 关于普通高中综合文科教材编写的思考：以《当代中国社会》为例[J]. 课程·教材·教法，2000（12）：15 – 19.

② 周英杰. 学习素养：教师专业的基石[J]. 教师教育研究，2017，29（2）：30 – 35.

言，数字教科书应当围绕教材组织与教学过程，提供阅读行为发生、阅读方法操作和阅读视野形成等表现的解读，提供任务的行动心理、作者的创作心理和知识的发生过程等内容的解析。就教育技术学方面而言，数字教科书应当提供多元化教学内容、集成化呈现方式、语境化学习支持和互动化教学过程等技术，① 帮助教师便捷地操作这套功能强大的教学工具。

（二）学习支持素养发展系统

现实教学中，每个学生都有独特的经验基础、发展方向和发展空间，在特定的环境和时间中表现出不同的调控水平与认知状态，因而在阅读教科书过程中遇到的问题往往是不同的。基于心理定向的阅读教学模型（如图 7 - 8），数字教科书可以从活动环境设计、学生情感与经验激活、学习过程与结果反思等方面着手，灵活运用教学设计理念，提供丰富的教学方法与技能指导，帮助教师更好地设计、实施和评估自身的教学实践。

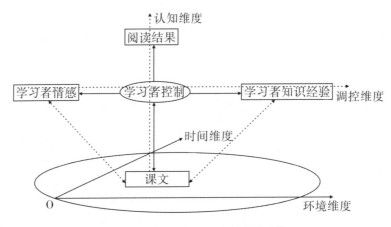

图 7 - 8 心理定向阅读教学模型②

以研究性学习为例，数字教科书可针对不同学生的水平和需要，在相关章节提供不同程度或范围的学习指导内容。对于后进生，编写者可以提供简单或局部的探究性学习内容，并配备详细的过程性和知识性指导；对于中等生，编写者可

① 曲秀芬，陈力. 网络英语教材的优势及其在教学中的实现：兼谈《英语（新目标）》网络教材的特点和使用[J]. 课程·教材·教法，2012，32（12）：24 - 28.

② 李永健. 技术优化学习的理论与实践[M]. 杭州：浙江大学出版社，2010：101.

以提供具有一定难度且完整的探究活动，并配备过程性指导；对于优等生，编写者可以仅提供线条式的探究学习要求，或者简单的探究设计思路指导。这样，在学习过程中，每个学生都可以选择合适的学习指导来激活或者弥补自身的学习经验。

（三）学习研究素养发展系统

随着课程改革的深入推进，对教师的学习素养水平要求越来越高，尤其要通过探究实践来发展自己与学生的学习素养。数字教科书编写者可通过以下路径帮助教师在数字教科书运用中提高学习素养。

第一，记录典型学习过程和结果。数字教科书能够记录学生进行问题提出、问题分析、问题解决的全过程，并记录教师的介入行为、指导内容和教学效果，为教师检视自身学习素养提高情况提供必要的资源基础。

第二，提供学习探究思路与问题。在数字教科书中，编写者可以尝试提供学习探究的基本思路和基本主题，围绕学科结构、情境问题、内容呈现、学习方式等要素及其变化提出具体问题，引导教师发现和提出学生教科书学习的科学结论，以此逐步发展教师的学习探究技能、思路和理念。

第三，提供学习结果比对与学习科学体系内容。在有些情况下，学生的学习研究结果可能并不显著，无法生成有效或系统的学习知识。面对此种情况，数字教科书应当提供必要的学习结果比较框架内容，帮助教师比对学生的学习结果与学习科学体系，更为深刻、细致地掌握学生的学习情况，以便未来能够更好地帮助学生理解教材。

教师学习与学生学习具有一致性。[1] 数字教科书编写者可以积极利用教师模仿学习的运行机制，包括具身认知机制、情感同化机制、实践互动机制与场域支持机制，[2] 据此设计生动、互动和活动的情境，引导教师进行模仿学习或亲身体验数字教科书应用的过程。编写者也可以运用数字化技术记录学生接触、操作、感受、理解和运用数字教科书的过程，提出必要的学习理解问题，引导教师分享和解读学生的学习过程和效果。在某种意义上，教师在这两种路径中都能发现学

---

[1] 周英杰. 学习素养：教师专业的基石[J]. 教师教育研究，2017（2）：30 – 35.
[2] 李森. 论教师模仿学习的运行机制[J]. 课程·教材·教法，2017（2）：108 – 113.

生数字化学习的心理过程，据此优化自己数字化教学的行动路径。

在纸质教科书时代，由于载体属性、页面容量和使用对象等方面的诸多限制，编写者难以实现使教科书既适应教师的需要又满足学生的需要。但这并不意味着，此种教科书永远不可能出现。在信息化社会，由于存储技术、呈现技术、链接技术的不断升级，数字教科书已经表现出内容选择的目的性、知识呈现的立体性、学习场域的开放性、教学方式的交互性等特征，[1] 甚至一定程度上能够满足教师和学生双方的需要。

第四节 为了学校经营发展

在不同的教材媒介时代，教育的经营管理方式存在很大差异。在身体教科书阶段，成人用身体示范生产与生活实践，要求儿童进行现场实操，同时可能运用身体动作和言语劝说来完成儿童学习管理的职责。在纸质教科书阶段，学校不仅通过学科组教研制度来规范教科书的使用过程，而且通过教学管理制度、课程资源建设制度等措施引导教科书应用实践。鉴于数字媒介的特性，数字教科书可以连接教师和学生，亦可以连接学校和家庭。下文将从教学管理、资源建设和家校联动等方面预测数字教科书的组成与功能。

一、数字化教学管理功能

由于技术构件的嵌合性，数字教科书未来将融合数字出版、互联网、多媒体、无线通信、电子移动设备等前沿技术，涵盖教育内容、移动终端和服务平台，创造无线联通的完整教育体系。[2] 未来数字教科书还可以融入教学管理系统，提升教科书教学应用的管理与服务效率。

---

[1] 石娟. 数字教科书的价值逻辑与教师主体回应[J]. 课程·教材·教法，2018（5）：56－61.

[2] 杨万里. 基于探究、合作、创新教育理念的电子教材研发[J]. 课程·教材·教法，2013（12）：41－46.

在教学设计管理方面，数字教科书可以提供必要的接口或板块，植入全校教学工作计划、教研组工作计划以及教师工作计划，方便教师整体把握学校课程实施的预期进展。在此基础上，数字教科书可以提供链接操作程序，允许学校与教师在工作计划板块上联结课程内容（包括课程概要、课时分配甚至课程预约）。这样，学校能够知晓各门课程实施方案的落实情况，把控所有教师课堂教学的进度，学生也能提前知晓课程学习的整体框架、学习方式与基本规范等。

在教学运行管理方面，数字化教科书可以集成相关程序，将传统教学的线性化程序（如按花名册点名）转化为立体化行为（如学生点名系统）。更重要的是，数字教科书应当允许教师将内置教学设计模板的填充结果及其实施效果（包括教学内容的选取、课堂教学的过程、教师指导的方式和学生学习的结果）报送给教务管理、教学研究和课程开发等部门，为不断研究、调整和改善师生的教与学过程提供丰富的资源条件和指导意见。

在教学质量管理方面，数字教科书应当内置测验评估系统（包括教学检查、教学评价、纠正及纠正措施、教学督导评价等功能），可以储存知识作业的答案及思路供学生参考，可以联结作业相关的资源内容供学生反思。学校管理部门经教师和学生授权后，可以在后台收集全部学生的信息，以此判断教师课堂教学的质量，并向学生或教师提供个性化指导。

二、数字化资源建设功能

从信息技术和网络技术的发展趋势来看，数字教科书应当具有呈现形式的丰富性与定制性、内容的关联性与开放性、教学的互动性与自主性、载体的多样性与移动性等特征。[①] 与此对应，数字教科书可以在课程资源建设方面发挥很多作用。

数字教科书编写者可以根据不同学生群体的情智发展状态、不同学校教育集团的差异性发展要求，分类组织、设计和建构课程资源库。这样，数字教科书将

[①]　赵志明. 重新定义教科书：数字教科书的形态特点与发展[J]. 课程·教材·教法，2014（3）：38–42.

更加契合学生具身认知的生成路径、社会实践的活动需要，更加动态地支持学校的课程发展，更加专业地促进学生的深度学习与个性养成。

在数字教科书出版机构授权的条件下，学校课程开发人员可以借助数字教科书建构完整的课程地图（包括知识与技能、事件与过程、方法与思维等方面内容），整理本地的课程资源，并借助数字化技术组织与呈现学校特色课程，方便学生学习的统筹、管理和评价。

进一步地讲，数字教材编写者和学校课程开发人员还可以积极地开展合作，共同协商数字教科书导入地方课程内容的有效方式，合作建立地方课程教学设计的模式模板，甚至联合中小学校的优秀教师群体，共同开发特定学校适用的数字教科书资源。

三、数字化家校联动功能

当今，家校合作已经得到很多教育人员的重视。家庭和学校应当进行积极的沟通与联动，达成一致的教育方向，形成一致的教育方案，协同落实各自的责任和行动。数字教科书可以借助网络技术和硬件媒介，在家校联动过程中发挥一定的作用。家长和学校可以借助数字教科书交流学生的学习情况（包括学生的学习轨迹、学习过程和学习结果等），沟通学生的课外生活（包括学生的日常表现、家庭实验和生活理想等），商量学生的教育计划（包括学生的学习习惯、学习内容和学习兴趣等）。这样，教师和家长能够全面地理解学生学习品质，并打造学生的个性化发展环境。

总之，凭借信息技术和网络技术的优势，数字教科书在课程设计、学习设计和教学设计等方面大有作为。数字教科书编写者应当理解具身思想、活动理论和联通理论，继承纸质教科书页面的逻辑表达经验，学习以活动设计的方式创新数字教科书发展的路径与模式，帮助学生更有效地形成学科体系，深度地进行学习活动，丰富地体验社会交往，支持教师发展教育教学素养、学科专业素养和学习理解素养，促进教师、学生和家长、学校的良性沟通（如图 7 - 9）。以此为基础，学生将更有可能成为积极适应未来社会的新人。

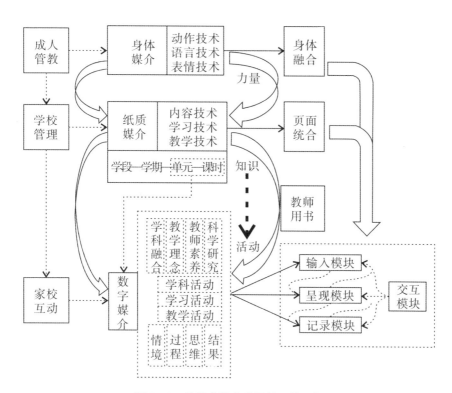

图 7-9 教科书技术发展的可能逻辑

第八章

数字教科书的评估框架

由前述章节可知，教科书数字化和数字教科书都处于起步阶段，面临着许多或大或小的问题，例如教科书数字化的教育起点是什么，基本内涵是什么，核心特征是什么；数字化教科书应当具有什么样的价值，可以表现为什么样的形态，可能发挥怎样的功能，等等。所以，数字教科书创作与研究仍然需要不断探索。或许，如果我们预先建立数字教科书的评估框架，便可以更好地评估与反思数字教科书创制的进展和质量。本章将立足于技术学视角提出评估框架。

技术是在某种文化中得以运用的装置和工程实践的集合。① 数字教科书评估需要审慎对待特定文化对学校教育的目的规范、对课程教学的内容要求，以及对数字技术的应用诉求，并考虑数字技术对教师课堂指导、学生学习过程乃至校园生活环境可能造成的影响。在此基础上，才能合理确立数字教科书有效性评估的基本框架。

在数字教科书评估实践中，相关人员需要把握好技术科学、学科实践和教育实践的辩证关系，构建一种相对全面、科学、合理且合情的评价体系。具体地讲，评估人员不仅需要清晰认识到教科书技术的元素属性、构件品质和模块功能，而且需要认真理解学科现象、学科知识和学科语言的实践一致性及其与教科书技术的可能对应关系，还需要学会从教学理论、心理科学和价值规范等立场出发，审视教科书数字化技术可能产生的效果（如图 8-1）。

---

① 布莱恩·阿瑟. 技术的本质：技术是什么，它是如何进化的[M]. 曹东溟，王健，译. 杭州：浙江人民出版社，2018：26.

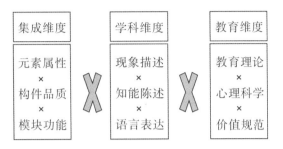

图 8-1　数字教科书技术评价体系

第一节　技术集成视域下的技术本体评估

根据布莱恩·阿瑟的观点，技术是一个递归性结构，技术包含着技术①在数字教科书评估实践中，相关人员需要借鉴纸质教科书技术的实践经验和研究成果，合理地判断数字教科书中的技术元素属性、技术构件品质和技术模块效能，保证数字教科书技术内部组合的自洽性，以实现整体功能的最大化。

一、技术元素属性

通常而言，数字教科书不仅会包括文字、符号、图形和图像等纸媒技术元素，而且会包括语音和图像（甚至空白）等动态技术元素。这些技术元素附带字体、字号和颜色，点、线、面和间距，音高、音强、音长和音色，像素、帧率、码率和时间等物理特征，并且内含学科概念、实践操作和社会价值等信息属性，共同构成学生阅读教科书的基本感知单位。在数字教科书评估过程中，相关人员需要借助实证性研究手段调查相关技术应用的有效性和准确性，和了解前述技术元素发挥作用的基本原理，以获知教材阅读理解的最低要求和最大效果。

评估人员可以先行了解和体会纸质教科书要素评价的方法，从中借鉴，形成

---

① 布莱恩·阿瑟. 技术的本质：技术是什么，它是如何进化的[M]. 曹东溟，王健，译. 杭州：浙江人民出版社，2018：38.

数字技术要素属性的分析思路，建构数字教科书评价的技术要素和基础参数。在此基础上，从文件格式、文件信息、基本技术要求和内容呈现等方面着手，对文本内容、视频内容和图像内容相关的技术元素加以检测。① 相关人员只有扎实地掌握相关技术元素的各种属性，才能科学地评估数字技术与课程内容的匹配性，从而更好地服务中小学生的课程学习过程。

二、技术构件品质

与纸质教科书一样，数字教科书在课节层面包括导语、情境、过程、结论、练习、栏目、作业等形态构件，以及知识与技能、过程与方法、情感态度与价值观等内容构件。在单元和学期层面包括主题、主线等内容构件。这些技术构件由词语、语句、文段和图像等符号构件构成，并借助屏幕、耳机、键盘等数字化构件以适时的方式表现出来。评估人员需要考虑符号构件与内容要素的匹配关系，并判定这些技术构件的功效性与稳定性等特征。

在数字教科书中，课程设计、学习设计与教学设计等教育思想都是通过符号构件来呈现的，并使得自身能够对教育教学世界产生影响。数字教科书评价人员可以考虑从符号构件与师生专业素养的多维适切性（如知识文本与学习方法的整合，知识内容与学生自主的关系、知识呈现与趣味审美的协调、阅读轨迹与教师指导的搭配）入手，从侧面判断数字构件的现实品质。② 只有如此审视数字技术构件，教材作者才能站在课堂教学的整体立场上，选择、修饰和应用相关的教学构件，最终服务于学校的教育教学实践活动。

在构件评估过程中，评价人员还须站在单元教学的立场上，运用计算机自身的运行系统和分析程序，围绕学生发展目标、课程内容、学习过程、教学过程和作业评价等维度，借助不同课节的符号构件或内容构件的属性知识，判断课节内容相关维度的外部一致性及其与单元目标的一致性，从而在更高层次上判定技术构件的质量水平和改造空间。以此为基础，数字教科书才能扬纸媒和富媒之长，

---

① 国家市场监督管理总局，国家标准化管理委员会. 数字教材中小学数字教材质量要求和检测方法［S］. 2022：2 – 7.

② 郭雯霞. 试析小学综合文科课程教材的编制与开发：以人教版《品德与社会》为例［J］. 课程·教材·教法，2004（6）：52 – 56.

弥补与化解纸媒教科书之不足。

三、技术模块功能

根据技术学观点，各种技术构件在相互组合的过程中积极实现集成化和模块化，以应对不可预知的变动。从历史发展的结果来看，当今纸质教科书已经形成比较稳定的技术模块，主要包括正文、课节和单元等递进性形态模块，还有学科方法、核心概念、价值观念、探究活动和实践任务等内容模块。同时，数字生活涵盖了服务器、互动社区、计算机硬件（包括存储设备、显示设备、交互设备）等组成模块，并积累了丰富的运行经验和实践素材。评估人员需要理解这些技术模块的基本特征和作用原理，以便理解、体会数字教科书作者选择和组织相关模块的真实意图。

数字教科书继承了纸质教科书的诸多构件，评估人员可以合理地借鉴纸质教材评估的目的或标准。例如：数字教科书编写者可能坚持使用导言、正文、作业和栏目等构件组成课节模块，积极地选用各种构件，如数学教材的情境、过程、结论、例题等，来搭建正文系统模块；根据课文内容的性质匹配辅助系统模块，如数学教材的"思考""练习""提示"等，进而构成具有学科特色的数字教科书，并据此促进学生素养的发展。这样，数字教材评估人员可以从学生的学习动机激发、内容理解和技能掌握等角度出发，评估各种模块支撑学生学习和教师教学的质量。

在实践意义上，任何技术模块都有自身独特的功能特性。在数字教科书评估过程中，相关人员应当针对编写者的编写意图，深入教学与学科研究实践现场进行资料搜集，从教师教学的应用与改造、学生学习的效率和质量、专家研究实践的过程与思维等方面评估各种数字化技术模块的应用效果。在此过程中，评估人员和编写人员应当紧密合作，既要从线性角度审视技术模块意图与功能的关系，也要从非线性角度考虑技术模块可能发生的意外效果。

第二节 学科活动视域下的技术应用评估

任何学科都是现象、知识与语言的综合体。数字教科书应当充分且真实地反映学科实践的全貌，搭建学生参与学科实践的路径，切实有效地促进学生核心素养的发展。同时，评估人员应当考虑到数字技术构件与学科课程内容的适配性，围绕技术与学科现象、技术与学科理论、技术与学科语言等内容，判断数字教科书表征学科实践整体的客观效果。

一、学科现象描述

无论自然世界还是人类社会，作为外部形态的现象都是常人感知或思考的直接对象。根据布莱恩·阿瑟的观点，技术是对现象有目的的编程，是增强人们感知能力与思考品质的工具。[①] 与纸质教科书相比，数字教科书的独特价值在于可能进一步增强符号、文本、图像的感染力，使用或生动或单调、或真实或夸张、或细腻或粗疏、或复杂或简单的现象来呈现世界，积极地吸引学生的注意力，提升他们的学习热情，进而提高他们的学习品质。

学科实践现场伴随着丰富和动态的现象，为数字教科书的情境创造和提供着丰富的原始资源。数字技术是否能够生动且简洁地反映实践对象、实践现场、思维过程，是否能够直观且立体地呈现物质性、思维性和交往性工具，是否能够真实且严肃地展现专业交往的起点、过程和结果等，都可以纳入技术与现象契合性考察范围。当然，评估人员需要能够抓住学科专业人员在实践过程中的真实聚焦点，发现数字技术表征学科现象的最佳位点。

评价人员还可以积极了解不同学段学生所经历过和接触过的现实生活，从中发现学科实践嵌入其中可能产生的现象，包括身体现象、心理现象、宏观现象、

---

① 布莱恩·阿瑟. 技术的本质：技术是什么，它是如何进化的[M]. 曹东溟，王健，译. 杭州：浙江人民出版社，2018：54.

微观现象、自然现象、社会现象。在此基础上，还须通过访谈了解不同水平学生感知现象的习惯、水平，判断技术介入对增强学生现象感知能力产生的作用。这样，他们才能站在促进学生真实成长的立场上，准确地判断数字教科书与促进感知学科现象的契合性。

二、学科知能陈述

在某种意义上，技术是对现象的驾驭，而这很大程度上是由科学揭示的。科学是从它的技术中形成的，从使用技术的仪器、方法和实验中形成。[①] 换言之，在特定学科实践领域内部，现象借助技术转为科学，科学借助技术改造现象。在数字教科书评估过程中，相关人员首先需要理解学科的概念、原理与技能、思维的内在关系，积累和掌握这两类内容互相嵌入的具体方式，提炼知识与技能协调生成与发展的机理，为学科知能陈述效果评估提供学理基础。

在此方面，我们需要关注学科思维与学科技能的技术表达效果。这些内容在纸质教科书中倾向以程序性知识或流程图的方式进行表达，在数字教科书中则有可能倾向以示范性、动态性的视频或语音进行表达。评估人员需要回归学科实践过程与现场，深刻理解学科思维的基本内涵、原初表现与发生机制，清楚理解学科思维与学科方法、学科知识的多样嵌合方式，并通过生产、生活和学习实践验证相关技术的表达效果，进而形成可操作、可检验的数字技术质量评价基准。

随着学科的不断分化与融合，技术与科学早已成为一对若即若离的"双胞胎"。技术可以独立发展，促进现实生活质量的发展，同时也可以介入具体学科的科研发展，促进科学成果的发生。科学可以独立发展，促进学科结构体系的发展，同时也可以介入具体技术的应用实践，促进技术质量的提升。在此意义上，教科书评估人员应当积极地吸收其他相关学科（尤其是教育技术学、教育心理学和信息技术领域）的成果，尝试建立数字教科书塑造学科知能体系的跨学科视野，建立更为合理、合情和合体的数字教科书技术评价体系。

---

① 布莱恩·阿瑟. 技术的本质：技术是什么，它是如何进化的[M]. 曹东溪，王健，译. 杭州：浙江人民出版社，2018：68.

三、学科语言表达

整体而言，教科书与教科书技术是一种语言形态的存在物，通过语言符号（包括文字、口语、图像）来表征具体课程内容，以此激发学生思维过程。然而，语言本身就是一种工具，通过内部要素（如文字、语音、标点）的合理选择，加上适当修饰和恰当组合，就能够增强自身表达的实际效果。在数字教科书编写的过程中，编写者需要具备良好的语义学和语用学素养，构建更加贴近和符合学科现实的语言环境、交往过程，从而形成学术成果，才能系统性地增强学科内容的表现力度，全面性地提高学生学习理解的品质，实现学生核心素养的真正提升。这就意味着，评估人员需要具备丰富的语言表达技术与敏锐的意义理解能力。

在数字教科书平台上，课程理解是多种语言表达及其非线性意义逐渐展开的过程。在这方面，数字教材评估人员不仅要继承纸质教科书语言表达的评价经验，还要借鉴数字媒体语言表达评价研究的成果，对相关表达方式（包括文字、语音、身体等）的交互性过程与效果开展实证研究，总结形成数字教科书技术表征学科现象与学科知能的基本原理。在此基础上，可以形成语言表达视角下的教科书技术评价参照，并建立具体学科内容的差异化语言表达规则，合理地评估各种数字教科书技术实现的表达效果。

技术的清晰表达不会仅仅依赖于语法，还需要相关领域的深层知识。[①] 任何学科的知能体系都存在最深层或最高阶的内容，如学科思维、创造思维，这些内容具有更为内在和本质的关系，在真实学科实践中采用显性方式表达，如文字表达、图表使用、流程图像等，或者采用隐性方式表达（如情境呈现、例题解析），并具有各自独特的作用方式和实践效果。在评估实践中，相关人员需要充分认识数字技术的动静转换潜能，并深度理解深层知识的技术化表达方式，以便审慎地把握数字化教科书相关技术可能带来的表达效果。

在现实情境中，数字教科书技术究竟能够与多少学科现象、学科知能或其他

---

① 布莱恩·阿瑟. 技术的本质：技术是什么，它是如何进化的[M]. 曹东溟，王健，译. 杭州：浙江人民出版社，2018：68.

技术相匹配，与相关学科现象、知能、语言的契合程度如何，可能需要经过长期的编辑实践和教学实践才能得知。因此，评估人员需要借鉴语言学科和技术科学的研究成果，全面地揭示数字教科书技术（基本结构、组成要素、影响因素、功能价值）的语言本质，通过多种途径（教师、学生、编写者、教务人员）收集数字技术在语言表达方面的贡献，以便形成有效的教科书数字化技术评价体系。

第三节　教育实践视域下的技术功能评估

数字教科书只有被应用到课堂教学实践中，其功能与作用才能得到检验。这就意味着，评价人员需要从对象思维转向实践思维，运用相对成熟的实践教学理论和心理科学，全面审视数字教科书的课堂应用效果。当然，不同的教育部门、中小学校和一线教师可能具有不同的教育立场、理念和目的，可能会以各自独特的视角、路径和方式来审视数字教科书作品。因此，数字教科书应当保持开放性，接受不同教学理论、心理科学和价值规范的检视，以适应、满足不同群体的具体需要。

一、教学理论解读

在课堂实践中，教师通常积极地依据学校教育要求和学生经验基础，最优化设计教学情境和教学活动，争取最大化地提升学生群体的可塑性素养。理想地讲，评估人员应当熟悉数字教科书应用实践的过程和效果，发现其中的影响因素及其相互关系，并提出数字教科书技术实践的基本原理。退而求其次，他们应当承认不同使用群体的教育观念存在差异，学会运用特定的教学理论对数字教科书进行前置性解释，合理地分析学科目标、内容、实施与评价等要素[1]，并站在该理论立场上对各种数字技术的应用效果给出适当的意见。

在学习活动分析方面，罗伯特·斯特拉德林提出的教科书内容分析框架具有

---

[1]　胡定荣. 教材分析：要素、关系和组织原理[J]. 课程·教材·教法，2013（2）：17－22.

很好的借鉴意义。该分析框架包括三个维度：内容维度（教科书覆盖的问题、课程、空间分配、多视角融合、文化和地区身份）、质量维度（课文是否建立在还原论之上、识别作者偏见的可能性）和价值维度（教科书是否设计了考查学生先前掌握的知识和技能的问题、是否鼓励学生记忆或技能的发展、图表和图片的使用、是否促进学生的比较性思维）。[①] 在数字技术功能评估过程中，评价人员可借鉴其中后面两个维度的具体内容，讨论数字教科书相关技术的认识论基础，及其在学生内容理解和技能发展方面可能产生的效果。

在教学活动分析方面，评估人员应当围绕学生的活动、师生各自的地位和作用、课本内含的问题和表达方式等内容，参照教师教学设计中的教材二次开发过程，探讨相关数字教科书技术的教学可利用性。在此方面，评估人员应当重点关注学科"过程与方法"相关内容的具体表现形态，如语文教科书中的辅读栏目板块、数学教科书中的方法指导板块、科学教科书中的探究学习板块等，实证性地探索数字教科书技术在此方面发挥作用的运行机制，以此促进数字教材的有效使用和教学思维的深层化。

评估人员在以教学视角评价数字教科书的过程中，一方面需要发掘相关历史资料（如研究资料、教学资料和学习资料），思考过往教科书相似技术应用实践的结果，参照相关教育要求和教学效果来判断其目标的可实现性与内容的可应用性。另一方面，他们应当考虑数字教科书的灵活性、伸缩性与适应性，充分调研现实课堂教学实践过程中师生应用数字教科书技术的状态、过程与效果，多层次地探索新鲜教科书技术应用背后的教学理论（如图 8－2）。

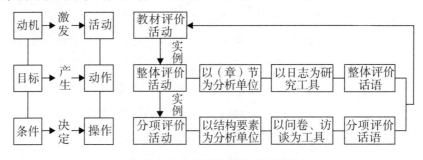

图 8－2　教材评价活动设计思路

---

① STRADLING R. Teaching 20th-century European History. Germany：Council of Europe Publishing，2001：258－263.

二、心理科学分析

在微观层面上，数字教科书技术的应用效果受制于学生心理发展状态。因此，评估人员需要从学生的心理过程、人格特征及经验系统等方面入手，分析与检视数字教科书技术应用实践的翔实过程与具体结果，从而建立心理学视域下的数字教科书技术评估标准。

在心理过程方面，相关人员需要积极地运用认知心理（包括注意、感知、记忆、思维和想象）、情感心理（包括心境、情感和情绪）和意志心理的基本规律，合理展开学科内容选择、呈现和组织技术的心理逻辑，探讨数字教科书与学生学习心理现实水平和发展要求的匹配程度，进而评价其教学应用的真实过程和可能产生的结果。在心理过程视角下，评估人员应当立足"社会文化历史"的心理发展观，坚持最近发展区原则，合理预计学生过往经验和未来发展高度的空间。在此基础上，评估人员才能发现学生心理发展对教科书技术使用可能产生的要求（包括频率、种类和序列），有效地判定数字教科书技术对学生学习心理发展的支持水平。

在人格心理方面，相关人员需要了解不同地域、不同层次学生的人格倾向（包括动机、需要、兴趣、理想、信念、世界观等）和心理特征（包括性格、气质和能力等），建立数字教科书技术评估的人格基础，如学生的阅读愿望、学习志向、阅读方式偏好等。在人格心理视角下，数字教科书评估应当坚持"整体结构与具体多样相结合"和"情智发展与人格完善相结合"的原则，充分把握数字教科书适用对象的人格倾向和心理特征后，再评价教科书技术实践应用的效果。在这方面，纸质教科书的技术评估能够提供良好的经验借鉴。例如，初一学生的独立性还未成熟，具有较强的模仿性和受暗示性，历史教科书中可以提供活生生的道德形象，或是令他们钦佩的榜样，这容易激发他们效仿的欲望，达到受教育的目的。①

---

① 张桂芳. 变化可喜　尚须精雕：读人教社新编九年义务教育初中历史教科书第一册有感[J]. 课程·教材·教法，1990（10）：36－37.

三、价值规范评判

在本体意义上，数字教科书技术是独立的。但是，它们一旦进入实践领域，就会与其中的学科内容、活动情境、教学人员等相结合，对其中主体人员造成特定的影响或作用。与纸质教科书相比，数字教科书技术也有其独特之处。它们以多样、动态的语言符号作为载体，承载着丰富的学科内容、复杂的教学过程和隐性的价值诉求，甚至可能以前所未有的方式影响学生的身心发展。为了保证学生的健康发展，评估人员应当综合考量整套语言符号（包括语音和文字形态）的价值取向，决定数字教科书技术应当在什么条件下、以什么样的方式发挥教学功能，从而实现什么程度的效果。

根据杜威的观点，儿童经验大致可以分为主动性经验（活动性质的经验）和被动性经验（知识性质的经验），二者共同作用且互相生成，推动他们的身心素养向前发展。在数字教科书中，价值规范能以显性的知识形态存在，更有可能以隐性的活动形态存在。评估人员需要把握好数字教科书技术价值实践的方向，围绕激活学生已有价值观念、嵌入课程产生的价值观念以及重建经验价值思维框架等基本问题，进而从知识进路和活动进路两方面审视数字教科书的价值规范作用。

在知识进路方面，相关人员应当熟悉学科价值规范的基本内涵，明确正确或合理价值观的知识表达，以便对数字教科书中的价值规范陈述作出基本判断（包括艰难或容易、正确或错误，开放或封闭）。在这方面，他们可以借鉴纸质教科书的编写和评价经验，并建立有效的人机协同审核机制，判断教科书技术的价值教育潜能，以及它与学生价值观念发展（包括学生的认知外化与生活经验、学科的思维表现与知能表达①）的匹配性。

在活动进路方面，评价人员应当熟悉各种教学理念和教学模式的学生发展价值、实践过程机制与课堂应用情况，以便预估具体价值规范可能生成的路径和最终实现的结果状态。在此基础上，他们可以发现数字教科书技术与学科价值规范

---

① 王晓丽，芦咏莉，李斌. 教材适切性评价指标体系的理论及实证研究[J]. 课程·教材·教法，2014（10）：40-45.

的结合位点，并从活动角度（如对话、争论、实践）判断数字教科书技术的价值规范功能。通过对话形式的教育可以支持学生认识交流的价值规范，并达成社会生活价值共识。例如，数字教科书《品德与生活》以卡通人物形象进行"串场"，与学生共同面对并解决成长过程中的问题和烦恼，就能让学生与文本建立对话关系，[①] 从而发挥较好的价值规范教育功能。

　　总体而言，数字教科书技术评估围绕儿童的成长过程，涉及方方面面的因素和内容。学校教育只有面向儿童整体的生命活动，使儿童以完整的心灵融入日常的行动中，基于生活的自觉意识主动地学习，儿童才能获得身心的健康成长。[②]作为教育的核心要件，教科书作品（包括教科书技术）也只有面向学生的成长而生，才有可能走进学生成长诉求与成长实践，充分地释放自身的意图与意义，最终得到合情合理的教育评估。

　　因此，数字教科书评估需要各方面专家的通力合作：自然科学家或人文社会学者熟悉自身学科的知识技能体系和方法思维体系，可以审视数字教科书技术落实课程内容的科学性问题；心理学家知晓自身学科的解读方式和应用技巧，可以判断数字教科书技术实践的过程质量，并为数字教科书技术提供有效使用的必要方法、建议等；教学法和教学理论专家了解教育教学的独特属性，可以从学校教学视角审视数字教科书技术的教学适用性；等等。只有通过这样的评估，数字教科书编写者才能从中获取有益的教科书数字化经验，保证数字化教科书（技术）功能的不断优化，如将科学知识体系改编成教学体系，为学生提供以科学系统化方法进行系统化学习的辅助功能，等等。

---

　　① 李莉.《品德与生活》教科书的特征分析与问题研究[J]. 课程·教材·教法，2011（8）：69-74.

　　② 苗雪红. 面向儿童生命整体的儿童教育：对儿童教育问题的现象学思考[J]. 安徽师范大学学报（人文社会科学版），2013，41（6）：712-716.

第九章

数字教科书的伦理审视

在某种意义上，数字教科书技术是一个独特的生态系统，具有现实性与虚拟性交融、广域性与互动性并存、教育性与风险性相伴等特征。① 在教学实践中，对教科书技术不同的应用会产生不同的效果。例如，部分教师不当地应用教科书技术，如将"学生讨论"改为"教师讲述"，则可能导致教学过程中学生参与度不高和教学效果不佳。究其原因，他们可能忽视了学生个性差异及其发展的需求，忽视了教育目的达成及过程中学生个体的存在价值，进而缺少对教科书技术的伦理考虑。

面向智慧社会生活，数字教科书将会容纳越来越多元的主体，呈现越来越真实的社会，生成越来越复杂的信息。结合当代网络社会生活出现的问题，我们可以想象数字教科书应用实践将会遭遇多个方面的伦理困境（如图9-1）。面向信息技术的介入和未来社会的不确定性，教科书编写者和教师应该在大胆预测数字教科书应用前景的同时，审慎分析技术可能带来的利弊，并预

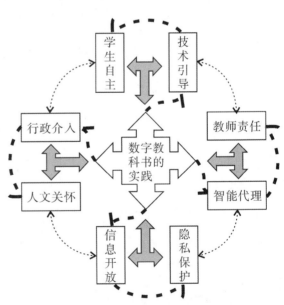

图9-1 数字教科书实践的可能伦理困境

① 穆建亚，辛继湘. 教学技术的生态失衡与伦理观照[J]. 课程·教材·教法，2017（11）：88-94.

先积极地调整和控制教科书技术的使用过程，帮助学生更好地养成学科核心素养。本章将提出四组主要问题，涉及学生、教师、学校和社会，粗略探讨数字教科书实践可能遭遇的伦理问题。

第一节　技术引导与学生自主

理想地讲，数字教科书能够运用多媒体技术来设计生动的教学场景，让学生更加自愿地参与教学活动；能够利用网络技术广泛地联系各种专业人员，为学生提供更加丰富多彩的学科资源；能够利用人工智能准确地判定学生学习问题的关键所在，使他们获得更加自动化、更具针对性的学习指导。在自愿的情况下，学生能够更加有效地进行教材阅读，更为及时地化解学习问题，更有效地理解、掌握和应用相关课程内容。这样来看，数字教科书凭借出色的技术引导，能够极大地拓宽学生自主学习的空间，并提高学生自主学习的效果。

需要注意的是，数字教科书能够"智能化决定"为特定学生匹配个性化的问题解决方式，并非因为它已经真正地识别该名学生身心素养的真实状态、理解学生素养发展的真实问题，从而为学生提供问题解决的最佳方法。数字教科书只不过是在较大范围的社会生活资源采样基础上，凭借较大规模的教学数据统计分析，发现了学生特定问题和教师指导内容的相关关系而已。但是，数字教科书一旦将这种关系固定为因果关系，就会坚持"某种问题应该采取某种化解方式"或"某类学生值得应用某种问题答案"，并由此形成指导方案，提供给某类学生或用于指导解决某类问题，但部分应用效果会不尽如人意甚至毫无作用。进一步地讲，学生如果始终按数字教科书的相关指示进行学习，就是在接受数字教科书设定的一般行动框架，进而可能丧失个体自主素养的核心组成属性——创造性和反思性。概言之，数字教科书如果应用不当，可能造成学生"强者愈强，弱者愈弱"的不良后果。

在某种意义上，多数学生都在过往的日常生活和学习经验基础上，形成了某种程度的个人自主性，并会根据发展方向和能力水平选择性地阅读与理解教科书内容。但是，数字教科书只是载体，不能灵动地理解和人性地唤醒学生的生命意识。在课堂教学过程中，教师可能忽视学生学习的主动性和主体性，采取监控的方式运用数字教科书技术，如采集书写结果、监视面部表情等，让学生被动地、形式化地参与课堂教学活动。这样硬性管理式地应用数字教科书可能会削弱部分学生的阅读兴趣和学习动机，甚至使他们难以养成解决复杂问题的能力，无法面对未来复杂、变化的社会生活。

由上推知，在数字教科书的编写制作和应用实践中，相关人员需要正视技术引导（或操作主义）和学生自主（或思维解放）的矛盾，尝试以自己的方式和能力去预防、分析和化解实践过程中可能出现的冲突。同时谨记：数字技术只能提升学习价值，而不能提供学习价值；教科书技术的数字化变革不应该增强技术对课堂的简单地重复传统教学生活，也不能听任人工智能技术专家的功能言说，而应当根据师生教学实践的真实情境，在实践过程中发现数字化教科书发展的最佳方向。这样，数字教科书才有可能帮助学生触及更加广泛的社会生活，养成更加深度的思考能力，形成更加自主的生命意识。

第二节　知能代理与教师责任

在近现代教育发展过程中，纸质教科书技术虽然经过不断地调整或优化，增强了在学习过程中对学生问题化解潜能的激发，却难以改变所有教师的教学模式。即使在今日，有少数教师仍然习惯于采用讲授式的课堂教学方式，照搬教科书上的内容，导致教科书技术进步带来的优势并没有被充分地发挥出来，甚至在某种程度上助长了教师的教学惰性。由此可知，即使进入信息社会，数字教科书技术只能成为提升教学效果的必要条件，而非必然地成为充分条件。

随着信息与网络技术的发展，数字教科书将表现出越来越强的智能化倾向，可以替代教师执行很多传统教学任务，如课堂管理、问题解答、客观题批改等，甚至能够在课堂情境中智能地帮助学生解决很多认知问题。在某种意义上，这符合人类智慧发展的主要方向与基本规律，即通过技术的改造升级，让更多人放弃旧有的生产生活方式，转向更大规模、更高品质的生产生活实践，以此实现人类社会整体繁荣。然而，纸质教科书技术的发展历史表明，预设的发展方向并不完全等于普遍的现实。数字教科书技术是把双刃剑，一方面凭借传统教学经验的系统化处理，确实可以减轻教师的常规工作任务，另一方面却因承载传统教学实践的模式化处置，可能对教师教学的创造空间造成限制。

面向未来的核心素养教育，教师应当表现出更强的责任感和效能感，以学生学习为本位，以思维导学为旨归，精心设计信息技术支撑的教学实践活动。在这种愿景的支配下，人们非常重视教师专业素养及其发展，强调"以技术驱动作为供给侧支撑，以教师素养作为撬动的支点，以社会力量作为民间智库"[①]，增强教师的信息技术教学素养。但是，现实地讲，数字教科书可能凭借人工智能、学科专家和教学专家的强力介入，表现出日益强大的教学活动设计能力和教学话语控制能力，而削弱教师的自主感和责任感。

教科书之所以称为教科书，其根本保证是教学性，主要体现在可教性、易学性、增效性、合宜性等方面。[②] 在某种意义上，数字教科书本身即是类似教师的"教师"，甚至是超越普通教师的"优秀教师"。面对教科书数字化的可能结果，教师责任面临着解构危机，未来教师必须认真地思考：在教科书数字化进程中，为何、因何、如何接受数字技术，提高自身的教学效能，又为何、因何、如何批判数字技术，避免教师教学作用的削弱。进一步地讲，不同地域、学校和水平的教师还需要更为深度的思考，教科书数字化究竟能给自身教学带来什么，究竟如何更好地使用数字化教科书。

---

① 于翠翠. 信息技术驱动的课堂教学结构变革［J］. 课程·教材·教法，2018（3）：117 - 125.

② 李新，石鸥. 教学性作为教科书的根本属性及实践路径［J］. 课程·教材·教法，2016（8）：25 - 29.

第三节　行政介入与人文关怀

如前所述，在数字教科书制作过程中，编写者可能预先植入学校管理系统。这样，学校教务部门或教育行政部门可以在数字教科书后台及时地收集各个方面的教学数据。在此基础上，相关人员可以对教师的教学设计、师生的互动痕迹和学生的练习表现等数据进行分析，以便判断教科书的使用方式是否合理、教学目标是否完成。更为高级的情况是，数字教科书可以实现教学数据自动收集、自动统计和自动评估，从而提高学校管理人员的工作效率。

站在教育立场上，教务人员可以积极地利用先进的数字教科书技术，系统地收集与整理教学设计、课堂活动和家庭作业等方面的信息，然后向教师提供充分、合理的教学反馈（包括改进建议），帮助教师改进教学，以促进学生核心素养的形成。但是，这些信息在根本上发端于教师与学生，在更多的情况下，只有当事师生能够清楚地理解和透彻地体会信息中蕴含的意义，并通过分析信息寻找到更高发展的可能路径。这样来看，教务人员似乎更有可能直接反馈数字信息，或者只能粗略地提出指导建议，而缺乏具体、实用的教学改进办法，导致对教学的改进意义并不大。

在实践层面，数字教科书虽然可以收集全体师生的教学信息，却难以全面地收集师生的素养信息（尤其是情感、道德和智慧等个人内在信息），准确地识别相关信息的教育价值和个人意义。如果凭借较高的自动化统计功能，数字教科书可能会强化行政部门的报表管理方式，忽视对个体情况的关注，最终可能导致"只见数字不见个人"。

理想地讲，教务人员、教师和学生三方应当坚持公平且正义的原则，各尽所能地创造新知，互相分享信息，才能良性地建构学校共同体，最大化地完成各自的专业成就。但是，在真实的学校生活中，学校管理并非单纯或简单的信息管理问题，而是夹杂着权利与义务、公共与私人、时间与精力、现状与发展等诸多问题，因而是一种学校内部事务。这样看来，在数字化教科书系统中，学校管理实践中的伦理问题仍须交给当事人处理，借助当事人生活环境和思想素质的提高，来逐步增强交流、协商和解决的可能性。

第四节　信息开放与隐私保护

随着数字技术的发展，数字教科书可能装载更为多样的应用程序和网络接口，帮助师生在更大的网络空间，获取课程教学资源和专业力量支持，也能够连接更为广泛的教学空间，获取和保存师生的教学活动痕迹。由于数字教科书的广泛连接性，这些信息可能在教学研究群体和家校沟通平台进行传播，并被相关人员进行教育性、心理性和社会性解读，以促进教学环境和活动质量的持续改进。但是，如果其中信息被不当解读和恶意传播，则可能会给学校、教师和学生带来不良影响。这样，信息开放和隐私保护成为数字教科书应用实践将会面临的一对矛盾。

第一，自主权利视野下的信息使用。在这种视野下，教师和学生能够自己决定在何种程度上保留或删除课堂表现、个人意见和学业表现等信息。从隐私保护的角度来看，这种处理方式能够从根本上消除外人随意获取相关信息的条件，并且充分地尊重师生教学实践的自我决定意愿与权利。但是，学生也有可能无法认识相关信息的学习价值、教育价值和研究价值，导致在课堂教学过程中不合理地保存或删除教学信息，进而无法支持教师与学生、家长、专家的有效沟通。

第二，知情同意视野下的信息使用。在此种情形下，学生和教师先行决定是否同意对方或第三方获取个人的教学过程信息，再由他方根据授权的范围和时限，运用计算机程序收集相关的信息资料。这种处理方式遵循程序正义原则，能够保证师生对教学信息的自由控制，并在必要的范围内保证教研人员获得一手资料。但是，教师和学生可能因个人经验的局限，无法识别信息加工者的偏向、意图与过程，并且难以控制信息加工结果的意义解读与网络传播。

第三，反馈收益视野下的信息使用。在这种考量下，师生同意对方或第三方获取和解读信息，同时要求他方以一定的方式反馈信息加工结果。这样，师生能够在某种程度上控制信息加工的结果，并借助这些反馈信息提升教学素养。然而，第三方如果不能达成自己的收益目标，可能会放弃特定学校的服务要求，可能会降低信息加工的品质，也有可能隐藏信息获取的意图，进而损害师生改进教学实践的可能性。

无论从哪种视角出发，信息开放和隐私保护都是数字教科书使用者未来必须面对的挑战。教育学者和技术人员应当积极地探讨这一问题的实践起点、本质属性和化解之道，并与教师、学生、家长进行沟通交流，获取事件当事人的心理感受与个人意见，建构一种适用范围相对较广、执行过程相对简单、实施效果相对较佳的伦理规则，从而更好地支撑数字教科书行业和教育教学实践的发展。

整体而言，数字生活作为未来智慧社会的基本生存形态，呼唤着教科书与教科书技术的数字化变革。时至今日，数字教科书并未完全释放自身的创作创新潜能，并未系统地应用到学校的完整教学环境，也并未全面地触碰社会的方方面面利益。未来可期，数字教科书将会产生巨大的教学效益，也可能带来教学危机。因此，社会各界应当及早地关注、分析和预防性地提出方案以化解数字教科书及其实践行动可能出现的伦理问题。

结语

    教科书技术学意图以技术学思维审视中小学教材的基本组成要素，发现这些技术性组成要素的构成关系和演化路径，探讨教科书技术应用效果增强的可能机制，进而为数字化教科书的编用提供学理基础。首先，卡尔·米切姆认为技术存在四种形态：作为对象的技术，作为知识的技术，作为行动的技术，作为意志的技术。[①] 与此大致对应，本书在梳理我国近现代教科书发展的基础上，初步界定了教科书技术的基本内涵。其次，从教学领域（包括课程设计、学习设计和教学设计）的视角，整理了我国纸质教科书技术的基本形态，简要地提出了教科书技术创新的可能逻辑。再次，站在未来智慧社会生活实践的立场上，勾勒了数字教科书的理想形态，并从教科书数字化发展的角度，建构了数字教科书的评价框架。最后，联系现实网络社会存在的问题，探讨了数字教科书实践可能遭遇的基本伦理问题。

    第一部分"教科书技术的研究基础"借鉴多学科成果界定了教科书技术的内涵，以外观形态变化为线索梳理了教科书技术的发展历史，并从教育立场上提出了教科书技术的价值取向，以此奠定了教科书技术研究的概念基础和价值规范。

    第二部分"教学领域中的教科书技术"站在课程设计的立场上整理了教科书的内容选择技术、内容组织技术与内容表达技术；站在学习设计的立场上梳理了教科书中的学习引导技术、学习支持技术和学习巩固技术；并站在教学设计的立场上总结教科书和教师用书中的教学分析技术、教学统筹技术和教学构建技术，并以此分类阐述了教科书技术的基本功能。

    第三部分立足以上篇章内容，探讨了数字教科书支撑学生素养发展、教师专业发展和学校经营管理发展的可能路径，从技术集成视域、学科活动视域和教育

[①] CARL MITCHAM. Types of Technology. Durbin. Research in Philosophy & Technology, 1978（1）：229 - 294.

实践视域提出了数字教科书评价的基本依据，并从学生、教师、学校和社会等角度提出了数字教科书可能遭遇的伦理问题。

根据布莱恩·阿瑟的观点，教科书技术应当具有诸多层次的要素（包括宏观、中观和微观），具备诸多维度的属性（包括学生素养、学科体系和社会诉求），并通过合理地将各要素进行互嵌、组合和集成，构成教科书，进而落实整体性教育目的。在现代教科书编写过程中，编写者应当遵循由大到小的顺序确定技术构成框架，保证教育教学基本目的的初步实现；然后可按从大到小、从小到大、从两边到中间或从中间到两边等顺序逐级审视和修正相关技术要素，以保证教科书技术功能的最大化与最优化。

参考文献

中文文献

[1] 左明章. 教育—技术—人的发展：教育技术价值论[M]. 北京：科学出版社，2018.

[2] 托马斯·库恩. 科学革命的结构[M]. 金吾伦，胡新和，译. 北京：北京大学出版社，2003.

[3] 李永健. 技术优化学习的理论与实践[M]. 杭州：浙江大学出版社，2010.

[4] 布莱恩·阿瑟. 技术的本质：技术是什么，它是如何进化的[M]. 曹东溟，王健，译. 杭州：浙江人民出版社，2018.

[5] 巴巴拉·西尔斯，丽塔·里齐. 教学技术：领域的定义与范畴[M]. 乌美娜，刘雍潜，译. 北京：中央广播电视大学出版社，1999.

[6] 陈侠. 中国大百科全书：教育卷[Z]. 北京：中国大百科全书出版社，1985.

[7] 曾天山. 教材论[M]. 南昌：江西教育出版社，1997.

[8] 王道俊，郭文安. 教育学[M]. 7版. 北京：人民教育出版社，2016.

[9] 赵志明. 重新定义教科书[D]. 长沙：湖南师范大学，2014.

[10] 何克抗，李文光. 教育技术学[M]. 北京：北京师范大学出版社，2008.

[11] 萨顿. 科学的生命[M]. 刘珺珺，译. 北京：商务印书馆，1987.

[12] 杨鑫辉. 现代心理技术学[M]. 上海：上海教育出版社，2005.

[13] 马歇尔·麦克卢汉. 理解媒介：论人的延伸[M]. 何道宽，译. 北京：商务印书馆，2000.

[14] 杜威. 民主主义与教育[M]. 王承绪，译. 北京：人民教育出版社，1990.

[15] 瞿葆奎. 教育学文集：课程与教材 下册[C]. 北京：人民教育出版社，1993.

[16] 阿·尼·列昂捷夫. 活动 意识 个性[M]. 李沂, 等译. 上海: 上海译文出版社, 1980.

[17] 邱斯, 丹琴科. 技术创造原理[M]. 吴光威, 刘树兰, 译. 北京: 宇航出版社, 1989.

[18] 贺国庆, 于洪波, 朱文富. 外国教育史[M]. 北京: 高等教育出版社, 2009.

[19] 戴维斯. 心智交汇: 复杂时代的教学变革[M]. 毛齐明, 译. 上海: 华东师范大学出版社, 2009.

[20] 吴小鸥. 清末民初教科书的启蒙诉求[D]. 长沙: 湖南师范大学, 2009.

[21] 王建军. 中国近代教科书发展研究[M]. 广州: 广东教育出版社, 1996.

[22] 陶行知. 陶行知全集: 第 4 卷[M]. 成都: 四川教育出版社, 2005.

[23] 江苏省陶行知教育思想研究会, 南京晓庄师范陶行知研究室. 陶行知文集[M]. 南京: 江苏人民出版社, 1981.

[24] 克劳斯·迈因策尔. 复杂性中的思维[M]. 北京: 中央编译出版社, 2000.

[25] 恩格斯. 自然辩证法[M]. 中共中央马克思恩格斯列宁斯大林著作编译局, 译. 北京: 人民出版社, 1971.

[26] 华东师范大学教育系, 杭州大学. 现代西方资产阶级教育思想流派论著选[G]. 北京: 人民教育出版社, 1980.

[27] 陈景磐. 中国近代教育史[M]. 北京: 人民教育出版社, 1985.

[28] 王文博. 民国时期教科书设计探究[D]. 南京: 南京艺术学院, 2018.

[29] 安德鲁·芬伯格. 技术批判理论[M]. 韩连庆, 译. 北京: 北京大学出版社, 2005.

[30] 大卫·库伯. 体验学习: 让体验作为学习与发展的源泉[M]. 王灿明, 朱水萍, 译. 上海: 华东师范大学出版社, 2008.

[31] 王楠, 崔连斌. 学习设计[M]. 北京: 北京大学出版社, 2013.

[32] 张小健. 学习劳动刍论[D]. 长沙: 湖南大学, 2007.

[33] 中共中央马克思恩格斯列宁斯大林著作编译局. 马克思恩格斯全集: 第 42 卷, 北京: 人民出版社, 1972.

[34] 周英杰. 师生自主间性论纲[M]. 北京: 知识产权出版社, 2018.

[35] 杜殿坤. 原苏联教学论流派研究[M]. 西安: 陕西人民教育出版社, 1993.

[36] 迈克尔·波兰尼. 个人知识：迈向后批判哲学［M］. 许泽民，译. 贵阳：贵州人民出版社，2000.

[37] 弗雷德·鲁森斯. 组织行为学［M］. 北京：人民邮电出版社，2003.

[38] 加德纳. 智力的结构［M］. 兰金仁，译. 北京：光明日报出版社，1990.

[39] 乔治·西蒙斯. 网络时代的知识和学习：走向连通［M］. 詹青龙，译. 上海：华东师范大学出版社，2009.

[40] 埃德加·莫兰. 复杂性理论与教育问题［M］. 陈一壮，译. 北京：北京大学出版社，2004.

[41] 张静庐. 中国出版史料补编［M］. 北京：中华书局，1957.

[42] 黄向阳. 德育原理［M］. 上海：华东师范大学出版社，2000.

[43] 陈雪梅. 20 世纪 80 年代以来我国高中物理教科书的演变与革新［D］. 金华：浙江师范大学，2005.

[44] 杨静. 中国近代教科书编写思想演变史研究（1897—1949）［D］. 沈阳：沈阳师范大学，2016.

[45] 汪海. 行动：从身体的实践到文学的无为［M］. 北京：北京大学出版社，2013.

[46] 李新，石鸥. 教学性作为教科书的根本属性及实践路径［J］. 课程·教材·教法，2016（8）：25–29.

[47] 叶波. 教科书本质：历史谱系与重新思考［J］. 课程·教材·教法，2018（9）：75–79.

[48] 石鸥，石玉. 论教科书的基本特征［J］. 教育研究，2012（4）：92–97.

[49] 吴小鸥. 教科书，本质特性何在？：基于中国百年教科书的几点思考［J］. 课程·教材·教法，2012（2）：64–70.

[50] 曾天山. 国外关于教科书功能论争的述评［J］. 西南大学学报（社会科学版），1998（2）：57–62.

[51] 孙智昌. 教科书的本质：教学活动文本［J］. 课程·教材·教法，2013（10）：16–21.

[52] 吴永和，杨飞，熊莉莉. 电子课本的术语、特性和功能分析［J］. 现代教育技术，2013（4）：5–11.

[53] 胡畔, 王冬青, 许骏, 等. 数字教材的形态特征与功能模型[J]. 现代远程教育研究, 2014 (2): 95 - 100, 108.

[54] 李海峰, 王炜, 吴曦. AECT2017 定义与评析: 兼论 AECT 教育技术定义的历史演进[J]. 电化教育研究, 2018 (8): 23 - 28.

[55] 熊川武. 论教育实践合理性[J]. 华东师范大学学报 (教育科学版), 1997 (4): 49 - 55, 62.

[56] 胡玉鸿. 韦伯的"理想类型"及其法学方法论意义: 兼论法学中"类型"的建构[J]. 广西师范大学学报 (哲学社会科学版), 2003 (2): 33 - 37.

[57] 苏鸿. 论中小学教材结构的建构[J]. 课程·教材·教法, 2003 (2): 9 - 13.

[58] 牛瑞雪. 从口耳相传到云课程: 课程形态视域下的课程演变史[J]. 课程·教材·教法, 2013 (12): 18 - 23.

[59] 苏寿桐. 我国上古以及春秋战国历史教育和教材初探[J]. 课程·教材·教法, 1991 (6): 26 - 28.

[60] 李讷. 人类进化中的"缺失环节"和语言的起源[J]. 中国社会科学, 2004 (2): 162 - 177, 208.

[61] 熊承涤. 谈谈中国古代的儿童教材[J]. 课程·教材·教法, 1984 (1): 13 - 16.

[62] 林立红, 张瑶. 具身语言理解中的身物交互与特征模拟[J]. 宁波大学学报 (教育科学版), 2017 (3): 7 - 10.

[63] 吴宁宁. 身体主体与技术的双重内涵[J]. 湖南师范大学社会科学学报, 2016 (6): 73 - 79.

[64] 王美倩, 郑旭东. 基于具身认知的学习环境及其进化机制: 动力系统理论的视角[J]. 电化教育研究, 2016 (6): 54 - 60.

[65] 肖东发. 活字印刷术的发明及其在宋元时代的发展与传播[J]. 北京大学学报 (哲学社会科学版), 2000 (6): 95 - 103.

[66] 吴洪成. 试析我国古代蒙养教材的特点[J]. 课程·教材·教法, 1997 (3): 57 - 58.

[67] 辛安亭. 深入浅出: 陕甘宁边区编写教材的经验[J]. 课程·教材·教法,

1981（2）：58 – 60.

[68] 马执斌. 中国历史教材近代化概述[J]. 课程·教材·教法，1998（1）：56 – 58.

[69] 柴西勤. 民国初期小学科学课程与教科书的特色与启示[J]. 课程·教材·教法，2015（8）：120 – 125.

[70] 白月桥. 新一代教科书的结构与功能：试评人教版义务教育历史教科书[J]. 课程·教材·教法，1994（3）：20 – 23.

[71] 吴小鸥，褚兴敏. 中国现代教科书发展的"黄金二十年"[J]. 宁波大学学报（教育科学版），2014（4）：22.

[72] 翟志峰，王光龙. 民国时期（1923—1949）语文课程标准研究[J]. 语文建设，2013（11）：62 – 66.

[73] 石鸥，李水平. 民国时期的一次高强度教科书控制[J]. 湖南师范大学教育科学学报，2014（2）：50 – 56.

[74] 石玉. 中国革命根据地教科书的历史探析及文本特征[J]. 出版科学，2018（6）：115 – 121.

[75] 吴小鸥，石鸥. 新中国第一套统编教科书：1955 年人民教育出版社编撰出版的教科书研究[J]. 课程·教材·教法，2010（10）：9 – 14.

[76] 吴小鸥，向黎. 艰难的规整：解放初期教科书之研究[J]. 湖南师范大学教育科学学报，2009（5）：12 – 16.

[77] 刘丽群，刘景超. 20 世纪 50 年代苏联对我国中小学教科书内容的影响：基于教科书文本的分析[J]. 课程·教材·教法，2014（3）：113 – 118.

[78] 苏寿桐. 中小学历史教科书的回顾与展望：上[J]. 课程·教材·教法，1988（10）：7 – 9.

[79] 高凌飚. 关于新课程教科书的几点思考[J]. 课程·教材·教法，2002（9）：19 – 23.

[80] 叶增编. 建构主义学习理论与行为主义、认知主义关键特征之比较[J]. 现代远程教育研究，2006（3）：64 – 66.

[81] 叶浩生. 具身认知：认知心理学的新取向[J]. 心理科学进展，2010（5）：705 – 710.

[82] 彭纪生. 论科学技术的人文价值功能[J]. 东南大学学报（哲学社会科学版），2001（1）：20–22，113.

[83] 董玉琦，包正委，刘向永，等. CTCL：教育技术学研究的新范式（2）：从"媒体应用""课程整合"到"学习技术"[J]. 远程教育杂志，2013（2）：4–13.

[84] 宋秋前. 行动研究：教育理论与实践相结合的实践性中介[J]. 教育研究，2000（7）：43–47.

[85] 张祖忻. 从教学设计到绩效技术[J]. 中国电化教育，2000（7）：5–8.

[86] 曲中林，胡海建. 教学技术是有效教学的"利器"：与叶波博士商榷[J]. 中国教育学刊，2015（2）：1–5.

[87] 罗先德. 马克思论制造工具在人类形成中的地位和作用：纪念马克思逝世一百周年[J]. 西北民族大学学报（哲学社会科学版），1983（1）：5–13.

[88] 熊川武，江玲. 论教学世界与生活世界的基本差异[J]. 湖南师范大学教育科学学报，2004（5）：19–22.

[89] 邓友超. 看待"泰勒原理"的辩证法[J]. 上海教育科研，2007（2）：12–13.

[90] 埃利尔特·W. 艾斯纳，埃利泽布斯·瓦伦思. 五种课程概念：它们的思想根源及其课程设计的思想：上[J]. 廖哲勋，译. 课程·教材·教法，1985（3）：84–87.

[91] 王博. 《中华教育界》与民国初期教科书的变革[J]. 课程·教材·教法，2013（3）：103–110.

[92] 胡扬洋，陈清梅，邢红军. 物理教材引入科学史的新观点[J]. 课程·教材·教法，2012（12）：29–34.

[93] 查尔斯·M. 瑞戈鲁斯，杨非. 细化理论：学习内容选择和排序的指南[J]. 开放教育研究，2004（2）：23–26.

[94] 石鸥，张文. 学生核心素养培养呼唤基于核心素养的教科书[J]. 课程·教材·教法，2016（9）：14–19.

[95] 张华. 综合实践活动课程为什么不能编教材[J]. 教育情报参考，2002（7）：21–21.

［96］李卓，于波. 小学数学教材中情境的类型及作用与原则［J］. 数学教育学报，2012（3）：72 - 74.

［97］李斌辉.《背影》作为课文的教学史研究［J］. 课程·教材·教法，2016（5）：101 - 109.

［98］曹正善.“教育世界”初探［J］. 广西师范大学学报（哲学社会科学版），2007（5）：69 - 73.

［99］郭恩. 我国复式小学课程教材改革迈出新步伐：谈河北省复式小学课程教材改革及数学教材［J］. 课程·教材·教法，1995（3）：17 - 20.

［100］李增娇，陆建身. 中西文化交融之下的清末中学生物学教材［J］. 生物学通报，2014（11）：58 - 62.

［101］王颖. 民国时期的常识教育与“常识”教科书［N］. 中华读书报，2012 - 07 - 04（14）.

［102］张玺恩，蔡上鹤. 当前中小学数学教材改革中需要深入研究的几个问题［J］. 课程·教材·教法，1981（1）：38 - 41.

［103］张心科，戴元枝. 清末民国中学选修课程兴亡的过程及原因［J］. 集美大学学报，2012（2）：83 - 87.

［104］温立三. 高中语文选修课程教材改革的历史及当前存在的问题［J］. 语文建设，2006（11）：12 - 15.

［105］赵新华. 20 世纪 20 年代中学国文教育领域的文、白论争［J］. 新疆社科论坛，2017（1）：102 - 106，111.

［106］顾之川. 新编高中语文教材答问十题［J］. 课程·教材·教法，2000（4）：34 - 36.

［107］鲍珑. 劳动技术课教材编写原则、方法和教材特点［J］. 课程·教材·教法，1995（6）：7 - 12.

［108］王世光. 知识体系的追寻：综合文科教科书史地综合问题初探［J］. 课程·教材·教法，2011（4）：46 - 51.

［109］杜永寿. 高中音乐欣赏课教材内容设计的几点体会：兼谈人教版新编高中音乐教科书的编写特点［J］. 课程·教材·教法，1998（10）：23 - 26.

［110］郭芳，慈黎利. 小学信息技术教材知识体系的构建［J］. 课程·教材·教

法，2008（4）：76-81.

[111] 武永兴. 谈谈中学化学教材中的几个问题[J]. 课程·教材·教法，1983（4）：12-16.

[112] 马执斌. 丁宝书及其《蒙学中国历史教科书》[J]. 江南大学学报（人文社会科学版），2014（4）：118-126.

[113] 靳彤. 论清末民初国文国语教科书对课程知识的建构[J]. 四川师范大学学报（社会科学版），2016（2）：75-81.

[114] 蔡可. 民国时期语文教科书单元编排体例与文学教育的形态[J]. 教育理论与实践，2013.

[115] 方红峰. 浙教版《科学》（7~9年级）教科书的结构设计分析[J]. 基础教育课程，2006（3）：36-38.

[116] 刘道义. 改革开放30年的中小学英语教材[J]. 英语教师，2008（10）：14-19.

[117] 杨伟. 论统编本初中语文教材阅读教学之新变[J]. 课程·教材·教法，2018（3）：74-80.

[118] 李家清. 对编写高中地理新教材的认识与建议[J]. 课程·教材·教法，1996（3）：8-10.

[119] 任丹凤. 运用认知心理学开发与评价教科书[J]. 教育科学，2002（6）：27-30.

[120] 刘志学，陈云奔. 丁韪良编译物理教科书评析[J]. 自然辩证法通讯，2018（5）：84-91.

[121] 王建军. 论近代白话文教科书的产生[J]. 华东师范大学学报（教育科学版），1996（2）：65-74.

[122] 何成刚. 历史教学叙述风格应多样化：民国历史教科书读后札记兼响应任鹏杰先生"历史教育文本危机论"[J]. 中学历史教学参考，2005（Z1）：9-11.

[123] 郑士璟. 建国初期中学历史教科书中的"故事化"叙事：以《高级中学课本中国历史》为例[J]. 中学历史教学，2016（6）：9-11.

[124] 倪文君. 近代学科形成过程中的晚清地理教科书述论[J]. 华东师范大学

学报（哲学社会科学版），2006（5）：107-112.

[125] 臧传丽，张慢慢，郭晓峰，等. 中文词汇加工的若干效应：基于眼动研究的证据[J]. 心理科学进展，2012（9）：1382-1392.

[126] 吴少荣，张秀岩. 朝教材现代化的方向努力：谈新版高中《政治常识》教材的编写特色[J]. 课程·教材·教法，1998（9）：37-40.

[127] 叶佩珉. 义务教育初中《生物》编写的指导思想和改革特点[J]. 课程·教材·教法，1992（10）：32-36.

[128] 王宏志. 历史人物和历史教材[J]. 课程·教材·教法，1997（11）：7-11.

[129] 曹建召. 语文教材知识编排方式探讨[J]. 语文建设，2008（12）：10-12.

[130] 王民. 中学地理教科书叙述方式介绍与探讨[J]. 课程·教材·教法，2001（8）：11-13.

[131] 金之星. 教材编写的几点设想[J]. 课程·教材·教法，1985（6）：44-46.

[132] 郑航. 德育教材开发中的叙事素材[J]. 课程·教材·教法，2004（11）：44-48.

[133] 金新. 中学化学教材应该重视推理[J]. 课程·教材·教法，1981（4）：37-43.

[134] 汪大昌. 物理教科书的语言表达问题：以九年级教材为例[J]. 中小学教材教学，2016（2）：16-19.

[135] 许斌. 试谈殖民主义及其在高中世界近代现代史教材中的处理[J]. 课程·教材·教法，1998（5）：30-34.

[136] 王涛. 浅谈历史教科书中情感失当问题：以人民版和人教版教材文字表述为例[J]. 中学历史教学研究，2014（2）：11-15.

[137] 林向阳. 体育教科书中图表的设计与表达[J]. 武汉体育学院学报，2005（7）：96-99.

[138] 苏寿桐. 中学历史教材三十年[J]. 历史教学（下半月刊），1981（1）：51-57.

[139] 王荣生. 依据文本体式确定教学内容[J]. 语文学习, 2009 (10): 33 – 38.

[140] 威廉·多尔. 寻找精神: 对西方课程思想的反思[J]. 全球教育展望, 2004 (1): 20 – 21, 34.

[141] 任丹凤. 论教材的知识结构[J]. 课程·教材·教法, 2003 (2): 5 – 8.

[142] 尹少淳. 课程改革背景下的美术教科书编写问题[J]. 课程·教材·教法, 2003 (10): 45 – 50.

[143] 张华中. 试论高中历史教科书的"大前言"[J]. 中学历史教学研究, 2012 (1): 42 – 45.

[144] 邹芳, 周新雅, 丁红, 等. 从核心素养视角看物理教材导读系统设计: 以苏科版教材力学部分导读系统为例[J]. 实验教学与仪器, 2018 (10): 10 – 12.

[145] 张蓓. 合度·深度·尺度: 民国时期教科书装帧设计之研究[J]. 中国出版, 2016 (7): 71 – 73.

[146] 惠凌峰. 浅析中小学教科书中非文字符号的认知特性[J]. 课程·教材·教法, 2008 (12): 61 – 66.

[147] 王世光. 历史教科书的"想象"之维[J]. 课程·教材·教法, 2007 (10): 51 – 55.

[148] 郭凤玲, 袁敏. 谈谈儿童图书字体大小的问题[J]. 课程·教材·教法, 1989 (11): 57.

[149] 陈尚达. 语文综合性学习的教材设计特征及问题: 以人教版初中语文课程标准实验教科书为例[J]. 教育科学研究, 2005 (11): 46 – 49.

[150] 李家清, 闻民勇, 刘学梅. 论地理新教科书活动性课文的设计策略[J]. 地理教学, 2005 (9): 10 – 13.

[151] 吴志华. 义务教育生物实验教材 (人教版) 与课程目标适切性研究[J]. 课程·教材·教法, 2003 (4): 51 – 54.

[152] 张颖. 新课程高中物理教科书呈现方式的研究[J]. 课程·教材·教法, 2011 (5): 76 – 81.

[153] 刘力, 谢玲玲. 小学道德教育中的漫画故事教材教法[J]. 课程·教材·教法, 1999 (6): 21 – 24.

[154] 武永兴. 谈谈中学化学教材中的几个问题[J]. 课程·教材·教法，1983
    (4)：12 – 16.

[155] 姚宝骏，丁树良. 中学生物教材插图识别特征的眼动研究[J]. 课程·教
    材·教法，2018（2）：103 – 109.

[156] 张卫星. 小学生数学学习错误的本质及有效利用[J]. 现代教育科学，
    2008（10）：116 – 117，111.

[157] 钟志贤. 面向知识时代的教学设计框架[J]. 电化教育研究，2004（10）：
    18 – 23.

[158] 俞红珍. 教材的"二次开发"：含义与本质.［J］. 课程·教材·教法，
    2005（12）：9 – 13.

[159] 金语. 话说"教师用书"[J]. 西北成人教育学报，2005（4）：1.

[160] 王世伟. 论教师使用教科书的原则：基于教学关系的思考[J]. 课程·教
    材·教法，2008（5）：13 – 17.

[161] 张鹏举. 试论中学语文教材的功能与结构[J]. 课程·教材·教法，1997
    (4)：30 – 33.

[162] 戈立. 普通高中新课程技术教科书编写探索[J]. 课程·教材·教法，
    2005（3）：86 – 88.

[163] 李晓峰. 论梅洛·庞蒂的身体现象学对身体二元论的突破[J]. 东南学
    术，2010（2）：156 – 164.

[164] 贾玮. "身体图式"对于二元对立的突围[J]. 东岳论丛，2011（7）：
    80 – 83.

[165] 沈夏林，邓倩，刘勉. 智慧课堂学习体验：技术赋能身体图式的唤起[J].
    电化教育研究，2019（9）：75 – 82.

[166] 李长吉，秦平. 教学应该回归怎样的生活世界[J]. 中国教育学刊，2005
    (10)：43 – 45.

[167] 田松. 所见即所能见：从惠勒的实在图示看科学与认知模式的同构[J].
    哲学研究，2004（2）：63 – 69.

[168] 张爱琴. 学科教学的本源回归：试论认知学徒模式对学科教学的启示[J].
    外国中小学教育，2002（4）：41 – 44.

[169] 彭彦琴. 中国传统情感心理学中"儒道互补"的情感模式[J]. 心理学报, 2002 (5): 98-103.

[170] 陈真. 何为情感理性[J]. 道德与文明, 2018 (2): 5-14.

[171] 李建华, 李丽红, 曾嵘. 情感教育: 人文知识内化为人文素质的机制[J]. 高等教育研究, 2002 (2): 87-90.

[172] 吴国珍. 斯滕伯格的智力三元理论述评[J]. 湖南师范大学社会科学学报, 1994 (1): 81-86.

[173] 肖谷清, 肖小明, 谢祥林. 化学学习中的认知策略[J]. 化学教育, 2004 (10): 30-33.

[174] 扈中平. "人的全面发展"内涵新析[J]. 教育研究, 2005 (5): 3-8.

[175] 聂世明. 论实践的构成及主体—工具—客体三维结构[J]. 中州大学学报, 1991 (Z1): 32-36.

[176] 沈健美, 林正范. 教师基于课程标准和学生需要的"教材二次开发"[J]. 课程·教材·教法, 2012 (9): 10-14.

[177] 宋坤. 论基于儿童自由的规则教育[J]. 当代教育科学, 2015 (10): 5-8, 16.

[178] 刘以榕, 申艳娥. 自我效能感理论及其研究现状[J]. 教学与管理, 2005 (9): 3-5.

[179] 李霞, 朱晓颖, 李文虎. 归属需要的研究进展[J]. 心理学探新, 2010 (2): 86-90.

[180] 张茂聪. 品德与社会教科书编写的理念与核心要素[J]. 课程·教材·教法, 2012 (6): 59-63.

[181] 刘家访. 先学后教运行机制的重建[J]. 中国教育学刊, 2011 (11): 40-44.

[182] 毕华林, 刘冰. 试论化学教材内容的生成[J]. 课程·教材·教法, 2004 (11): 74-76.

[183] 惠凌峰. 浅析中小学教科书中非文字符号的认知特性[J]. 课程·教材·教法, 2008 (12): 61-66.

[184] 王佑镁, 祝智庭. 从联结主义到联通主义: 学习理论的新取向[J]. 中国

电化教育, 2006 (3)：5 - 9.

[185] 徐俊. 复杂性思维下的复杂人及其管理[J]. 科技管理研究, 2006 (5)：144 - 145, 152.

[186] 彭寿清, 张增田. 从学科知识到核心素养：教科书编写理念的时代转换[J]. 教育研究, 2016 (12)：106 - 111.

[187] 赵健. 问题、情境脉络和基于问题的学习与教学设计[J]. 全球教育展望, 2003 (11)：26 - 29.

[188] 贾义敏, 詹春青. 情境学习：一种新的学习范式[J]. 开放教育研究, 2011 (5)：31 - 41.

[189] 崔允漷, 王中男. 学习如何发生：情境学习理论的诠释[J]. 教育科学研究, 2012 (7)：28 - 32.

[190] 华连连, 张悟移. 知识流动及相关概念辨析[J]. 情报杂志, 2010 (10)：116 - 121.

[191] 赵慧臣, 王淑艳. 知识可视化应用于学科教学的新观点：访瑞士知识可视化研究开拓者马丁·爱普教授[J]. 开放教育研究, 2014 (2)：4 - 10.

[192] 魏昕. 国外数字教科书研究：回顾、进展及启示[J]. 课程·教材·教法, 2015 (9)：117 - 122.

[193] 李禾田. 新课程中教材综合化建设及其运行模式[J]. 课程·教材·教法, 2003 (6)：16 - 19.

[194] 王凯. 传统课堂教学的内蕴及其技术突破[J]. 课程·教材·教法, 2017 (11)：101 - 107.

[195] 宋运明, 夏小刚, 张学杰. 对小学数学教科书中"提出问题"提示语编写的思考和建议：基于四种版本教科书的统计与分析[J]. 课程·教材·教法, 2011 (4)：52 - 57.

[196] 任丹凤. 对教科书设计的优化处理策略[J]. 课程·教材·教法, 2003 (10)：6 - 10.

[197] 郭晓明, 蒋红斌. 论知识在教材中的存在方式[J]. 课程教材教法, 2004 (4)：3 - 7

[198] 王岳, 邓文虹. 新版教科书配套数字化资源的设计与开发[J]. 课程·教

材·教法, 2013 (5): 22-27.

[199] 杰拉尔德·霍尔顿, 胡南琦. 从近二十年来物理教材的改革看美国教育思想的变化[J]. 课程·教材·教法, 1985 (4): 71-73.

[200] 李森. 论教师模仿学习的运行机制[J]. 课程·教材·教法, 2017 (2): 108-113.

[201] 石娟. 数字教科书的价值逻辑与教师主体回应[J]. 课程·教材·教法, 2018 (5): 56-61.

[202] 杨万里. 基于探究、合作、创新教育理念的电子教材研发[J]. 课程·教材·教法, 2013 (12): 41-46.

[203] 殷明, 刘电芝. 身心融合学习: 具身认知及其教育意蕴[J]. 课程·教材·教法, 2015 (7): 57-65.

[204] 胡中锋. 论数学教材结构的制约因素与建构原则[J]. 课程·教材·教法, 1999 (2): 33-35.

[205] 诸惠芳. 新一代教科书的标准[J]. 课程·教材·教法, 1993 (5): 58.

[206] 李昌文. 运用萨赛克斯大学课程教材分析法的初步尝试[J]. 课程·教材·教法, 1988 (1): 39-42.

[207] 胡定荣. 教材分析: 要素、关系和组织原理[J]. 课程·教材·教法, 2013 (2): 17-22.

[208] 姜来. 关于教材弹性建设的思考[J]. 课程·教材·教法, 1997 (4): 8-12.

[209] 丁朝蓬. 教材评价的本质、标准及过程[J]. 课程·教材·教法, 2000 (9): 35-38.

[210] 李莉.《品德与生活》教科书的特征分析与问题研究[J]. 课程·教材·教法, 2011 (8): 69-74.

[211] 王晓丽, 芦咏莉, 李斌. 教材适切性评价指标体系的理论及实证研究[J]. 课程·教材·教法, 2014 (10): 40-45.

[212] 穆建亚, 辛继湘. 教学技术的生态失衡与伦理观照[J]. 课程·教材·教法, 2017 (11): 88-94.

［213］ 于翠翠. 信息技术驱动的课堂教学结构变革［J］. 课程·教材·教法，
2018（3）：117－125.

外文文献

［1］ VOLTI R. Society and Technological Change［M］. New York：St. Martin's
Press，1998.

［2］ SCHON DA. The reflective practitioner：How professionals think in aciton［M］.
NewYork：Basic Books，1983.

［3］ HURLEY S，CHATER N. Perspectives on imitation［M］. Cambridge，MA：
MIT Press，2005.

［4］ LAKOFF G，JOHNSON M. Philosophy in the flesh：the embodied mind and its
challenge to western thought［M］. New York：Basic Book，1981.

［5］ RESNICK LB. The Nature of Intelligence Hillsdale，NJ：Erlbaum. 1976.

［6］ HARTMANN M，BERKER T，PUNIE Y，et al. Domestication of Media and
Technology［M］. Milton Keynes：Open University Press，2005.

［7］ RYAN R M，DECI E L. Self-determination theory and the facilitation of intrinsic
motivation，social development，and well-being. ［J］. American Psychologist，
2000，55（1）：68－78.

［8］ DECI E L，RYAN R M. The "What" and "Why" of Goal Pursuits：Human
Needs and the Self-Determination of Behavior［J］. Psychological Inquiry，2000
11（4）：227－268.

［9］ OUNJIAN M L，CARNE E B. A study of the factors which affect technology
transfer in a multilocation multibusiness unit corporation［J］. IEEE Transactions
on Engineering Management，1987，EM－34（3）：194－201.

［10］ DOMAGK S，SCHWARTZ R N，PLASS L J. Interactivity in Multimedia Learn-
ing：An Integrated Model［J］. Computers in Human Behavior，2010，26（5）：
1024－1033.

［11］ BANATHY B. Comprehensive Systems Design in Education：Who Should Be the
Designers［J］. Educational Technology，1991，31（9）：49－51.

［12］ MITCHAM C. Types of Technology［C］//Durbin. Research in Philosophy &
Technology，1978（1）：229 - 294.

［13］ JACOB B.（1831）. Elements of Technology：Taken Chiefly from a Course of
Lectures Delivered at Cambridge，on the Application of the Sciences to the Use-
ful Arts. 2018 - 9 - 14.

后记

2018 年夏天，得知石鸥先生的教科书研究团队即将完成中国教科书研究丛书（第一辑）的编写。怀着对教科书研究的兴趣，我向石老师请缨加入编写队伍，怀着理想，也带着匆忙，选择了"教科书技术学"作为写作主题。当时，我之所以确定教科书技术学，一个重要的原因是本科阶段学习的是生物技术专业，相信任何事物的发展都会受到技术力量的影响。正式进入写作阶段才发现，用技术思维来解读教科书并不是一件简单的事情。

在构思与写作过程中，我尝试性地搜集和阅读了哲学、工程、生物甚至心理等学科的技术学相关著作，试图从中发现技术或技术发展的必要规律。直到读完布莱恩·阿瑟的《技术的本质：技术是什么，它是如何进化的》，才对技术学似乎有了些粗浅的理解。在这本书的启发下，我最初打算按着此书的基本逻辑，梳理和发现教科书中的技术逻辑。限于个人的能力和精力，最终决定将梳理我国中小学教科书中的技术元素和发展历史作为主要内容，条件允许的话，再对相关发展历史做些简单的总结。

在本书写作的过程中，我得到了诸多专家的指导。首先感谢导师与团队的信任与鞭策。在湖南师范大学读研时，我有幸投入石鸥先生门下，接触"中国百年教科书"项目，感受到导师对中小学教科书和教科书研究的热情与专注。在写作本书期间，多次怀着忐忑的心情向石老师请教。石老师不仅在写作思路方面进行点拨，而且在写作思维方面提供了很多建议。由于个人的教科书研究经验尚浅，这本书恐怕难以达到石老师的高度，只能寄希望于个人以后多思考、多体会、多领悟石老师的谆谆教导。在本书写作的过程中，向同门多次请教，令我获益匪浅。在此，向石老师和同门表示深深的谢意。

其次，感谢出版社的编辑对本书出版的大力支持和付出。感谢湖北师范大学和教育科学学院的老师们。2019 年暑假，我开始在这所充满人文精神、人文关怀的学校和学院进行工作、学习和生活，得到了诸位老师在方方面面的照顾和包容。

最后，要感谢我的家人。在多年读书期间，父母给了我太多的精神鼓励和经济支持，而不求任何回报。虽然今后工作仍然在外，但我会尽可能多地打电话报平安，寒假暑假多回家看看。

由于作者学识的局限，概念界定可能过于宽泛或狭窄，分类标准可能过于粗糙或琐碎，分析过程可能过于简单或烦琐，得出结论可能过于牵强或武断。敬请各位读者批评指正！

周英杰

2023 年 6 月